José Manoel Ferreira Gonçalves

TUDO DOMINADO!

Como a política do Guarujá se tornou um caso de polícia

Com esperança no futuro, um relato da resistência da Sociedade Civil.

KOTTER
EDITORIAL

Coordenação Editorial: Sálvio Nienkötter
Editor-Executivo: Daniel Osiecki
Editor-adjunto: Claudecir de Oliveira Rocha
Capa: Jussara Salazar
Design editorial: Carlos Garcia Fernandes
Produção: Cristiane Nienkötter
Revisão e preparação de originais: O Autor

Dados Internacionais de Catalogação na Publicação (CIP)
Angelica Ilacqua CRB-8/7057

Gonçalves, José Manoel Ferreira
Tudo dominado : como a política do Guarujá se tornou um caso de polícia / José Manoel Ferreira Gonçalves. -- Curitiba : Kotter Editorial, 2022.
112 p.

ISBN 978-65-5361-162-7

1. Guarujá (SP) – Política e governo I. Título

CDD 320.8161

22-6985

KOTTER EDITORIAL

Kotter Editorial Ltda.
Rua das Cerejeiras, 194
CEP: 82700-510 - Curitiba - PR
Tel. + 55(41) 3585-5161
www.kotter.com.br | contato@kotter.com.br

Feito o depósito legal
1ª Edição
2022

José Manoel Ferreira Gonçalves

TUDO DOMINADO!

Como a política do Guarujá se tornou um caso de polícia

Com esperança no futuro, um relato da resistência da Sociedade Civil.

Sobre o autor

José Manoel Ferreira Gonçalves é mestre, doutor em engenharia e pós-doutorado em Ferrovias e Meio Ambiente, advogado, jornalista e escritor. É presidente da Associação Guarujá Viva (Aguaviva) e também da FerroFrente (Frente Nacional pela volta das Ferrovias).
Diretor da Federação Nacional dos Engenheiros (FNE) e da Confederação Nacional dos Trabalhadores Liberais Universitários Regulamentados (CNTU).

Dedico este livro a toda população de Guarujá, em especial, as que mais precisam de políticas públicas responsáveis. Entre essas políticas públicas, destaco a área da saúde. De acordo com as investigações da Polícia Federal, essa é a maior vítima do vergonhoso caso de desvio de recursos públicos da história da cidade.

Dedico, também, às vítimas da covid-19, seus familiares e a todos que tiveram suas vidas fragilizadas pela pandemia. Nossa luta e resistência é em reverência a vocês.

"A produção da pérola pela ostra nada mais é do que um mecanismo de defesa do animal, quando ocorre a penetração de corpos estranhos (...). Quando esse corpo estranho está no interior da ostra, o manto do animal envolve essa partícula em uma camada de células epidérmicas, que produzem sobre ela várias camadas de nácar, originando a pérola."

(Mundo Educação/Uol)

Decoro

1. atitude de decência, comedimento, compostura.
2. honestidade, integridade, honradez.
3. pudor, recato no agir e falar, moralidade, resguardo.

Decoro parlamentar

1. Padrão de comportamento ético que se espera de um parlamentar.

(Dicionário Caudas Aulete)

SUMÁRIO

PREFÁCIO

Este livro relata uma história exemplar do quadro da política brasileira. Como todas as lutas, o enredo começa com a indignação inata do autor, José Manoel Ferreira Gonçalves, convicto defensor da democracia e da república. O percurso se desenvolve e revela a sua integridade, e a verdade da sua indignação inata, que não se dobra diante das vicissitudes e dificuldades.

A palavra república tem origem no latim, res (coisa) + publica (de todos, popular), ou seja, a república se refere àquilo que pertence a todos, e, sobretudo, que tem origem popular. Cuidar dos bens de todo o povo é um interesse que deveria ser exercido por todos os cidadãos, e, ao mesmo tempo, é um dos interesses menos exercidos, a não ser na forma de indignação e reclamações sobre o leite derramado.

Em resumo, normalmente é depois de os bens públicos terem sido totalmente saqueados por corruptos e gestores ineptos que a população sente na pele as consequências danosas da dilapidação do patrimônio. Diferentemente dos bens particulares, que são defendidos pelos seus proprietários individualmente, com plena capacidade de reagir e se defender, os bens públicos são sistematicamente vulnerados.

Dentre as diversas razões que causam a insuficiência de atuação na defesa dos bens públicos estão: a) as fragilidades da atuação do Ministério Público; b) a legislação que inibe a atuação popular na defesa do seu próprio patrimônio; e c) o sistema de justiça e os custos elevados para o acesso à justiça. Em resumo, diz a Constituição da nossa República que todo o poder emana do povo, mas o exercício desse poder é normalmente muito oneroso: seja para eleger representantes autênticos do povo, seja para reclamar perante o poder judiciário para que atos lesivos ao patrimônio do povo sejam reprimidos.

Mas o autor deste livro, José Manoel Ferreira Gonçalves, pressiona até os limites a possibilidades que competem a qualquer um do povo, a qualquer cidadão, de exigir a lisura na administração pública. O requerimento de *impeachment* é uma dessas iniciativas que normalmente esbarra nos acordos e maiorias parlamentares, visto que se trata de um julgamento político. Isso, contudo, não deve dobrar o cidadão: a luta constante faz valer aquela máxima de que a água mole em pedra dura, tanto bate até que fura.

Que suas lutas furem os bloqueios, José Manoel! Li com admiração este livro, e o recomendo para todos que queiram recuperar o papel sagrado da cidadania e do interesse popular. A iniciativa individual, junto com as iniciativas coletivas e organizadas, são as forças que podem mover a história para a realização de uma verdadeira república, que não virá de uma folha de papel, mas sim da luta concreta.

Bruno César Deschamps Meirinho
é advogado.
Coordenador jurídico de José Manoel
nos processos contra o prefeito de Guarujá.

APRESENTAÇÃO

Um paraíso possível na Ilha de Santo Amaro

"Na beira das ondas, a minha alma abriu-se para a vida."
Vicente de Carvalho, Palavras ao Mar

O litoral paulista já inspirou muitos poetas ilustres. Entre tantas paisagens extraordinárias, Guarujá, a pérola do Atlântico, é certamente um lugar especial. A cada recanto da cidade, escondem-se histórias de amor, encontros e desencontros, devoção pela vida. Assim como muitos, também deixei-me encantar pela beleza do Guarujá. Tanto que dediquei e dedico a ele boa parte da minha vida pessoal, social e política.

A paisagem do Guarujá se debruça sobre o mar. Ao sobrevoar a cidade, sentimo- nos prontamente enfeitiçados pelas montanhas que a cercam, as 27 praias que se sucedem por mais de 20 quilômetros, como dádivas espalhadas pela natureza, e o mar, quase sempre sereno, por vezes tempestuoso, como a política municipal.

Nesse sobrevoo imaginário, vamos de uma ponta a outra do Guarujá e entendemos com mais clareza as desigualdades que hoje sufocam a brisa candente que sopra do oceano. Nossa viagem começa pela orla dourada e seus espigões, passa pelos pontos históricos que vivem em estado de penúria, como o Forte de Itapema, e termina na periferia abandonada da cidade, com suas ladeiras e morros aguardando a atenção da Prefeitura. Um lugar onde a sobrevivência se tornou ainda mais aflitiva nos últimos tempos.

O Guarujá é um retrato esmaecido de contradições, um termômetro em ebulição do pobre Brasil atual, entregue a maus políticos e gestores. Seus 330 mil habitantes vivem aqui, como em inúmeros outros municípios do país, sob o impacto de uma célere e criminosa degradação urbana. Do Guaiuba – a cabeça do dragão na Ilha de Santo Amaro – aos arredores do porto, na vizinha Santos, não há região na cidade que não esteja ameaçada, vilipendiada, sujeita à dilapidação movida por empreendimentos privados que não toleram submeter o lucro à preservação ambiental e à mínima organização territorial. O que mais nos consterna é que o Guarujá, outrora um ícone nacional, o badalado balneário em que todos queriam estar, possui todas as condições de retornar aos áureos tempos em que provocava suspiros em turistas e moradores. Não é um sonho – é a percepção de quem esteve fora da cidade e voltou para encontrá-la miseravelmente submetida a condutas reprováveis de seus governantes.

Em 2020, durante a pandemia, deixei São Paulo rumo ao Guarujá. Era um retorno para o qual fui impelido muito mais pelo coração do que pelo vírus. Nos anos 90, mais jovem e com a mesma disposição, brigávamos com a Sabesp para preservar nossas praias. Hoje, a luta se espalha por todos os lados e pelas mais altas esferas do poder público na cidade.

Há dois anos, portanto, tive o prazer de voltar a morar no Guarujá que tanto amo e onde vivi durante muitos anos. Pude perceber, de imediato, um dos primeiros impactos que o lugar desperta nas pessoas: a paixão de viver. O Guarujá e seu povo nos fazem refletir sobre esse negócio fantástico chamado "amor". Amor e paixão que nos movem em busca das grandes realizações.

Esses dois sentimentos nos animam a lutar contra problemas históricos, que se repetem e se acumulam, no Guarujá.

O amor é fogo que arde sem se ver, como diria outro poeta. Ele é essencial para a vida, assim como a luta. Nunca deixei de pelejar um bom combate no campo político, em defesa da justiça social, da cidadania, da participação popular, da democracia. Contra os desmandos dos dirigentes públicos e a falta de transparência. Lutar em defesa do interesse público contra o interesse privado. Lutar pelo povo, que é a razão e o objetivo final de toda gestão política que se preze.

Da primeira vez que escolhi o Guarujá para viver, sonhei com uma cidade forte, planejada, inovadora. Estive à frente da mobilização em torno da reparação dos danos causados pelo vazamento do emissário submarino. E tive conflitos com as autoridades da época. Se não fosse a paixão pelo bem comum, não teria seguido com aquele confronto.

Agora, a história se repete. Preciso arregaçar novamente as mangas. Porque o amor não pode ser apenas um retrato na parede da nossa história.

Tempos difíceis exigem mudança

A narrativa que pretendo contar neste livro é a trajetória recente de lutas que iniciei, ao lado de diversos companheiros, após ter retornado ao Guarujá.

Levar adiante dois pedidos de afastamento do prefeito da cidade nos exigiu longas conversas, reflexões e análises, políticas e jurídicas, ao lado de muitos amigos, técnicos, especialistas. Porém, por mais que as decisões fossem delicadas, elas foram (sempre são) tomadas solitariamente. Foram muitas noites mal dormidas, entre angústias e dúvidas, erros e acertos. Estas noites insones, cheias de reflexões, se deram tanto no Brasil quanto em Portugal, onde, entre 2021 e 2022, defendi minha tese de pós-doutorado, "Sustentabilidade e Transportes", no Instituto de Geografia e Ordenamento do Território, da Universidade de Lisboa. O problema viajava comigo. O José Manoel, pessoa, cidadão, gente, sonhou, se indignou e sofreu enquanto lutava pela restituição do decoro no cenário político do Guarujá.

Este livro é também um relato de tempos em que a censura quer prevalecer, em todos os espectros políticos, dos vereadores que votam contra a vontade popular até a Procuradoria Geral da República, que deixa de cumprir seu papel e insiste em não abrir os processos de *impeachment* contra o presidente. Este por sua vez faz uso do cargo para instituir decretos que proíbem a divulgação de dados de interesse público por 100 anos, de acordo com seu interesse pessoal. É a vida sob um poder arbitrário que se instalou em Brasília e se disseminou como praga entre atores políticos, como o prefeito do Guarujá.

É uma história que segue em evolução e está pronta a ser ampliada com novos capítulos. Porque é preciso mudar, e o caminho da mudança é intenso. Porque a liberdade se consolida, mas a igualdade está longe de estar consolidada.

É preciso, enfim, elevar o Guarujá ao posto de relevância que a cidade merece, este lugar alto em que ela está no coração sofrido de seu povo.

A gente dessa terra abençoada merece todo o respeito e admiração. Gente guerreira, honesta e batalhadora que, com seu trabalho diário, constrói o desenvolvimento do município, dentro das suas possibilidades, não medindo esforços na busca do crescimento e de melhores dias para a nossa cidade.

Com este livro, desejo trazer uma contribuição à altura da grandeza desse povo, para assim construirmos uma Guarujá cada dia melhor.

Linha do Tempo

2021

15.09 – Primeira fase da Operação Nácar. Válter Suman, prefeito do Guarujá, e seu secretário de Educação, Marcelo Nicolau, são presos em flagrante pela Polícia Federal.

17.09 – Justiça Federal concede liberdade provisória a Suman e Nicolau. Os dois deixam a prisão da PF em São Vicente.

20.09 – José Manoel Ferreira Gonçalves protocola o primeiro pedido de *impeachment* do prefeito.

21.09 – A Câmara Municipal do Guarujá aprova abertura de Comissão Processante para análise de pedido de *impeachment* do prefeito.

08.10 – Prefeitura prossegue com práticas consideradas irregulares pela PF e firma contrato para fornecimento de merenda escolar com a empresa Armazém 972, sob suspeita de favorecimento e propina. Contratação é alvo de investigação da Nácar.

03.11 – José Manoel é ouvido na Comissão Processante.

11.11 – Válter Suman é ouvido na Comissão Processante.

16.12 – Suman é absolvido da cassação do mandato.

2022

29.03 – Segunda fase da Operação Nácar é deflagrada. Suman é afastado pela Justiça.

30.03 – Protocolado o segundo pedido de *impeachment* do prefeito.

06.04 – Câmara aprova abertura de Comissão Processante para análise do segundo pedido de *impeachment*.

27.04 – Câmara notifica o prefeito de que ele deverá apresentar defesa prévia contra o pedido de *impeachment*.

03.05 – Valter Suman se apresenta ao Fórum Federal para colocar tornozeleira eletrônica.

06.05 – O prefeito protocola a entrega de sua defesa prévia.

23.05 – José Manoel volta a ser ouvido na Câmara e defende o *impeachment* do prefeito.

13.06 – Valter Suman deixa de comparecer na Câmara para prestar esclarecimentos sobre os fatos apurados na segunda fase da Operação Nácar.

14.06 – Fim da instrução do processo do segundo pedido de *impeachment*.

17.06 – Válter Suman retira a tornozeleira e volta a assumir a prefeitura, após decisão do Superior Tribunal de Justiça (STJ).

18.06 – Carreata protesta contra o retorno de Suman ao cargo.

06.07 – Válter Suman é indiciado por associação criminosa a corrupção passiva pela Polícia Federal.

07.07 – O processo do segundo *impeachment* do prefeito é arquivado.

Urgente, Polícia Federal conclui inquérito!

01.12 – Polícia Federal conclui que o prefeito de Guarujá, Válter Suman, sabia e participava do esquema de corrupção. Suman e a esposa foram indiciados pelos crimes de ocultação de bens, corrupção ativa, passiva e fraude em procedimento licitatório.[1]

[1] Publicado em: https://g1.globo.com/sp/santos-regiao/noticia/2022/12/01/policia-federal-conclui-que-prefeito-de-guaruja-valter-suman-sabia-e-participava-de-esquema-de-corrupcao.ghtml - Acesso em: 09/12/2022

Infrações político-administrativas cometidas pelo prefeito Valter Suman

- Firmou contratos com a Organização Social Pró-Vida, comandada por Almir Matias da Silva, ora foragido. Segundo denúncias públicas apresentadas pelo próprio Almir Matias da Silva, este mantinha vínculos estreitos com o prefeito, a vice-prefeita e o secretário de Educação, inclusive com a disponibilização de apartamento e veículo para uso pessoal dos próprios.
- De acordo com investigação da Polícia Federal e Ministério Público Federal, entre a Prefeitura e a O.S. Pró-Vida havia contratos de elevado valor, por meio dos quais, suspeita-se, eram irrigados os mecanismos de favorecimento pessoal. Um incêndio suspeito ocorrido em março de 2021 no prédio da prefeitura poderia ter servido para destruir documentos que comprovariam o esquema.
- Um desses contratos, para higienização de unidades de saúde, levou a Polícia Federal a indiciar o prefeito por formação de quadrilha e corrupção passiva. Suspeita-se que 80% do valor de R$ 4 milhões do contrato, enquadrado como emergencial, tenham sido fraudados.
- Elementos colhidos perante o Tribunal de Contas da União teriam confirmado a cadeia de relações entre a Organização Social e o mencionado Almir. Além disso, a Polícia Federal apontou o Prefeito Valter Suman como o provável líder da organização criminosa, com vínculos com a Organização Social Pró-Vida.

- Além do Prefeito, estão implicados no esquema: sua esposa; vários secretários e ex-secretários municipais; o atual presidente da O.S. Pró- Vida; a nora de Válter Suman; a Associação de Crianças Excepcionais de Nova Iguaçu – ACENI; a O.S. Pró-Vida e outras organizações controladas pelo mencionado Almir.
- Mesmo após a prisão de Suman pela Operação Nácar em sua primeira fase, a prefeitura continuou a celebrar contratos suspeitos, como o do fornecimento de merenda escolar, firmado com a empresa Armazém 972, em procedimento com claros indícios de de favorecimento e propina, conforme apurado pela Nácar, em sua segunda fase.

PARTE 1

A LUTA PELO IMPEACHMENT

Um caso de polícia abala o reinado do prefeito

— A casa caiu hein, chefe? Estava tudo indo tão bem. O que teria dado errado, meu Rei?

Diante daquela sincera indagação, vinda de um de seus assessores mais próximos, o outro homem silencia. Os dois estão em uma cela do Centro de Detenção Provisória, em São Vicente. Porém, antes de seguir adiante com a história desses abatidos personagens, precisamos voltar no tempo, naquele dia 15 de setembro de 2021, quando a Polícia Federal deflagrou a Operação Nácar e foi às ruas para prendê-los.

A imagem é mesmo propícia para os noticiários policiais. Vestido com blusa azul- clara sobre a camisa, calça escura, máscara sobre o rosto, o homem silencioso, observado pelos agentes da PF, se acomoda no camburão. Carrega consigo um saco plástico com pertences pessoais. Ele dobra os joelhos, um tanto vacilante, e ocupa um dos lados da traseira da perua que vai levá-lo da sede da Polícia Federal, em Santos, para a carceragem em São Vicente. Do outro lado, está o seu parceiro de cela, usando boné e máscara escuros.

Horas antes, uma outra viatura viera buscar o homem de blusa azul para prestar depoimento na sede da PF. De sua residência, um apartamento confortável no bairro de Pitangueiras, até as ruas de paralelepípedo do centro da cidade vizinha são poucos quilômetros, uma viagem que ele havia se acostumado a fazer em carro oficial. O homem levado pela PF não é, absolutamente, um preso comum. Ele é Válter Suman, prefeito da outrora resplandecente cidade do Guarujá.

Reeleito em 2020 pelo PSB, depois filiado ao PSDB, Suman é um médico que, como muitos outros moradores do município litorâneo, veio do interior. Pela profissão de origem, deveria ter cuidado melhor da saúde em seu "reinado". De fato, entre outros feitos. ele havia prometido em sua campanha construir a UPA, Unidade de Pronto Atendimento de Vicente de Carvalho. Mas preferiu acionar organizações suspeitas para serem "sócias" da Prefeitura na saúde pública. Acabou perdendo a majestade a caminho da carceragem em São Vicente.

Chamado de "Rei" por Marcelo Feliciano Nicolau, seu secretário de educação (hoje afastado), Suman viveu naquele 15 de setembro o ponto mais baixo de sua trajetória política. Após mais de cinco horas de depoimento, os dois – prefeito e secretário – logo estariam trancafiados juntos. Ali ficariam por três dias. A primeira-dama, "rainha" Edna, também estava sob a mira da investigação. A política de Guarujá, enfim, voltava a ganhar as páginas policiais do noticiário (algo que, infelizmente, já havia acontecido antes, desde 1934, quando a cidade conquistou sua emancipação política e administrativa).

A chamada operação Nácar foi a campo para reunir provas de um suposto esquema de desvio de dinheiro na rede pública de saúde no Guarujá. A motivação foi uma denúncia anônima. Outro ponto de partida para a investigação foi um relatório do Coaf, Conselho de Controle de Atividades Financeiras, que apurou movimentações de dinheiro suspeitas envolvendo a Organização Social Pró-Vida, contratada pela prefeitura para administrar unidades de saúde no município. As OSs, como são conhecidas, são entidades privadas sem fins lucrativos, que podem receber recursos públicos para prestar serviços.

Naquela manhã de 15 de setembro, quase R$ 2 milhões foram apreendidos, em 25 endereços, incluindo localidades em Santos, São Paulo e Grande ABC. Na prefeitura do Guarujá, as diligências começaram com o raiar do dia, antes mesmo de os funcionários chegarem para trabalhar e serem surpreendidos com a movimentação no prédio de fachada laranja e azul que abriga o Executivo, o Paço Municipal Moacir dos Santos Filho. Ali, no gabinete de Suman, acondicionados em uma caixa de máscaras, foram encontrados R$ 42,6 mil em espécie. "Caixa de máscara" seria inclusive um código utilizado pelo prefeito em conversas com o empresário Almir Matias da Silva, implicado seriamente na Operação Nácar. Conforme relato deste último, o termo equivale a valores de propina, solicitada diretamente por Suman em mensagens trocadas pelo celular, que seriam reproduzidas no material com evidências compiladas pela Polícia Federal.

Na casa do secretário Marcelo Nicolau, foram apreendidos veículos e uma grande quantia em dinheiro. Ele estava de posse de R$ 1,7 milhão, segundo o relatório da PF. Nicolau é apontado pelas investigações como o "caixa" do esquema, o homem que recebia os recursos desviados e os repassava para Suman e sua esposa. Prefeito e primeira- dama recorriam a ele quando precisavam pagar as contas.

Na verdade, as diligências da PF encontraram em posse de Marcelo Nicolau muito mais do que dinheiro em espécie: havia com o secretário documentos altamente comprometedores, que determinavam, sob a denominação de "investimentos", os valores da propina acordada. No celular dele, foram encontradas notas fiscais de 23 contratos públicos suspeitos. Um procedimento padrão na sua pasta, a de Educação, era Nicolau autorizar os pagamentos referentes a contratos de empresas ligadas ao esquema e, em seguida, cobrar a propina. Segundo anotações de Edna Suman, o caixa recebia 10% de tudo que o prefeito conseguia arrecadar com o esquema.

As despesas do prefeito eram tantas que outro assessor próximo, Fabrício Henrique Guilherme, seu chefe de gabinete, também atuava como caixa, realizando pagamentos e negociações. Ele chegou a fazer depósitos direto de sua conta pessoal para pagar funcionários e familiares de Suman. Havia ainda mais um assessor, Hugo Passos, que também guardava dinheiro para o prefeito e realizava pagamentos a mando dele. Dois carros usados pela família de Suman estavam em nome da empresa de Hugo: uma BMW e outro veículo que o próprio prefeito lhe encarregara de blindar.

Outro endereço emblemático da operação policial estava na Baixada Fluminense, sede de uma certa ACENI – Associação de Crianças

Excepcionais de Nova Iguaçu, também envolvida em mais contratações duvidosas por prefeituras de outros municípios (em Pirajuí, por exemplo, a Polícia Federal investiga a escolha da associação para prestar serviços de atenção básica nas penitenciárias locais, com valores que teriam sido superfaturados; ao que tudo indica, a ACENI não possui estrutura suficiente para cumprir com o contrato).

Segundo a investigação, os entendimentos nebulosos da prefeitura com a Pró-Vida irrigavam recursos para o prefeito. Pelo contrato, a OS cuidaria da administração da UPA da Rodoviária e ainda de mais 15 Unidades de Saúde da Família (Usafa). Porém, em março do ano passado, diante de denúncias de falta de medicamentos e problemas na estrutura física da UPA, e por recomendação do Ministério Público, a prefeitura foi obrigada a suspender o contrato com a Pró-Vida. Os autores das denúncias já pediam, à época, a cassação do prefeito em virtude dessas irregularidades.

O saldo desse embuste é um enorme prejuízo para os cofres públicos, sem contar com o atendimento deficitário a que a população foi submetida durante meses. As primeiras estimativas apontam para um desvio de R$ 150 milhões em verbas federais (dinheiro do SUS, destinado ao município).

Suman, a vice-prefeita e o secretário de educação teriam à disposição apartamento e veículo para uso pessoal, segundo o denunciante Almir Matias, que seria, conforme a investigação, o dono oculto da OS e operador do esquema. Almir Matias está desaparecido. Vamos falar dele mais adiante.

Os contratos de altos valores firmados entre a prefeitura e a Pró-Vida, que atingiam R$ 30 milhões, serviriam portanto para alimentar os mecanismos de favorecimento pessoal do prefeito e demais envolvidos no assalto aos cofres públicos (dinheiro que, na maior parte, havia sido repassado pelo Governo Federal para o combate à Covid-19).

A PF concluiu que a prisão dos dois políticos era justificada diante dos indícios dos crimes de peculato, corrupção ativa e passiva, fraude em licitação e lavagem de dinheiro, além de formação de quadrilha.

Começava ali a história de um duplo pedido de *impeachment* que mobiliza até hoje a política do Guarujá.

A indignação popular

— Edna, não é pra gastar.

É uma manhã chuvosa de segunda-feira no Guarujá, e todos os olhares de quem circula pela cidade ou ainda se prepara para sair às ruas estão voltados para os noticiários da tevê. Na noite anterior, Suman e a primeira-dama tinham sido alvos de uma ampla e reveladora matéria do programa Fantástico. O fato repercutia e alimentava os telejornais matutinos. Guarujá novamente era destaque nacional – e de forma negativa, graças às peripécias de seu prefeito.

— Todo o cuidado é pouco – diz o prefeito, em outra mensagem destinada à mulher. Ele lembra que Almir Matias, o braço operacional do esquema de desvio de recursos da saúde na Prefeitura, está sendo investigado pelo Gaeco.

Entre as recomendações ditadas por Suman à esposa está a precaução no uso do cartão de crédito e os gastos excessivos. O prefeito desconfia que a movimentação de dinheiro deles estaria sendo monitorada. Pagar as compras em espécie seria a solução.

Para quem ostentava despesas escandalosas em lojas de grife, aquela era uma missão difícil. Segundo a investigação da PF, o casal teria gastado mais de R$ 2,5 milhões apenas em três lojas de grife. Uma mensagem interceptada revela a primeira-dama perguntando ao pessoal da loja se era possível realizar a venda sem nota fiscal.

Os arroubos consumistas incluíam a aquisição de dois apartamentos em Campos do Jordão, registrados em nome dos filhos, e cuja compra, seguida de reformas, teriam exigido cerca de R$ 1 milhão. Para esses serviços, o casal solicitou, como de costume, que fossem executados sem nota fiscal.

Para quem havia declarado um patrimônio de pouco mais de R$ 500 mil em 2020, quando da campanha eleitoral, Suman estava operando milagres na aquisição de imóveis.

A investigação da PF aponta para compras milionárias também no Guarujá. Ofício assinado pelo desembargador Nino Toldo com justificativas para os mandados de busca citam a propriedade de um apartamento no condomínio Costa Esmeralda, o de nº 32, e, ainda, um outro (n° 91), que estaria sem averbação na matrícula, levando a crer na existência de um "contrato de gaveta" no intuito de se ocultar a real propriedade. Consta ainda a informação de que Edna, sua esposa, casada em regime de comunhão universal, adquiriu, pelo valor de R$ 470 mil, imóvel cujo valor de mercado é aproximadamente o dobro do que o declarado. O próprio apartamento onde o prefeito e a primeira-dama vivem teria sido adquirido por R$ 1,5 milhão junto ao ex-secretário municipal Rogério Rudge. No entanto, como compradora, aparece o nome de Desire Garcia Hernandez Guedes (citada na segunda etapa da Operação Nácar). A lista inclui ainda a aquisição de oito unidades de hotel, num total de quase R$ 2,5 milhões, pagos em espécie e boletos. Segundo o relatório da PF, nenhuma dessas aquisições está na declaração do Imposto de Renda do casal.

A multiplicação das joias encontradas no apartamento dos Suman é outro acontecimento inexplicável. Em mais um momento constrangedor da reportagem do Fantástico, o prefeito se justifica perante o repórter, dizendo que sempre presenteou Edna com joias nos aniversários de casamento. Havia mais de 300 delas na residência, o que significa que, a cada data comemorativa, considerando sua própria afirmativa, Valter agracia sua esposa com quase uma dezena de joias diferentes.

Não era a primeira vez que os políticos manchavam a imagem do município, cuja história recente registra inúmeros dissabores com seus governantes. O que não impediu que o episódio, reprisado em cadeia nacional após a exibição no Fantástico, provocasse enorme comoção. Nos bares, nas escolas, nas repartições de saúde (de onde o escasso dinheiro estava sendo drenado), o assunto no Guarujá era o prefeito tentando se justificar na tevê, de forma titubeante, sem convencer ninguém.

A opinião pública não digeriu a notícia de que havia em plena prefeitura um aparente esquema milionário, alimentado por verbas do já combalido orçamento destinado a garantir o bem-estar da população em plena pandemia.

Meses antes, quando surgiram as denúncias iniciais, eu também me senti indignado, como cidadão. Afinal, não eram as primeiras suspeitas levantadas contra o prefeito Suman. Várias denúncias de irregularidades de sua gestão, inclusive a contratação de funcionários fantasmas, já haviam sido rejeitadas anteriormente pelo Legislativo. Houve inclusive, em março de 2021, um incêndio suspeito no prédio da prefeitura, que poderia ter servido para destruir documentos que comprovariam o esquema.

Não podíamos permanecer indiferentes a esse histórico de irregularidades e condutas inapropriadas com a gestão pública. Ganhava corpo a ideia de que, naquele cenário estarrecedor, o afastamento do prefeito seria o melhor para o Guarujá.

Face à gravidade dos acontecimentos, e na qualidade de eleitor, tomei a iniciativa de entrar com denúncia contra Suman, com base na Constituição Federal e Lei 1.079/50, seguindo o rito estabelecido pelo Decreto-Lei nº 201/67.

É preciso esclarecer que qualquer cidadão pode efetuar uma denúncia de *impeachment* do Executivo perante a Câmara de Vereadores, para que esta analise a admissibilidade da acusação e, posteriormente, a instauração do processo. Com a denúncia em mãos, a Câmara tem o dever de verificar o teor das acusações, se os fatos e as provas dão sustentabilidade, se os fundamentos são plausíveis ou, ainda, se a notícia do fato denunciado tem razoável procedência.

Desde o início, a iniciativa teve um objetivo muito maior do que a mera destituição do chefe do Executivo. Queríamos retirar a política do noticiário policial e resgatar no Guarujá essa atividade como o necessário instrumento de afirmação da cidadania e propositura de políticas públicas que façam sentido, ajudando as pessoas, discutindo ideias para o momento de aflição e preparando ao mesmo tempo o futuro, gerando oferta sustentável de emprego e renda.

Estava dado o primeiro passo, o primeiro capítulo de uma novela que se arrastaria pelos próximos meses.

O artista íntimo da família

— Se fui corno, fui só mais um.

O vídeo com a canção "O nome dela é cachaça" já alcançou um número respeitável de visualizações nas redes sociais. Nele, o cantor diz ter recorrido à "marvada" para afogar as mágoas e solta pérolas, como a frase acima. A produção não deixa a desejar. É assinada por gente que já trabalhou com Ivete Sangalo, Zezé di Camargo e Luciano e Sandy e Júnior, entre outras estrelas. Mas talvez o homem que bancou todo aquele aparato para se lançar na carreira musical esteja arrependido. Afinal, seu nome foi alçado em todo o país como o sujeito que tornou possível o desvio de dinheiro revelado pela Operação Nácar. O homem do vídeo é Almir Matias e ele está foragido.

Na matéria produzida pelo Fantástico, Matias aparece em uma gravação, a barba grisalha, boné com seu próprio nome estampado, gabando-se de ser empresário, cantor e também ter feito parte da gestão da saúde no Guarujá. De que forma isso aconteceu? Vamos aos autos da investigação para entender melhor.

Nos termos do processo encabeçado pelo Ministério Público, Almir Matias é descrito como "empresário, dono e controlador de entidades que se qualificam como organizações sociais e firmam contratos de gestão com as prefeituras municipais para atuarem na administração da saúde". Em outras palavras, utiliza-se da fachada de OS para operar contratos públicos e concentrar recursos que, conforme apurou a investigação da PF, eram desviados por meio de empresas fantasmas, algumas das quais ele próprio aparecia como proprietário. É o caso de um salão de beleza, que teria recebido R$ 12 milhões da pilhagem. Ele também estaria envolvido com irregularidades cometidas por outra OS, a Humanização Brasil (ex-Revolução) em Cubatão, também na Baixada Santista.

Matias era íntimo do casal Suman, conforme revelam não apenas a matéria do Fantástico, mas também mensagens interceptadas pela polícia nos aplicativos da primeira-dama. O cantor teria inclusive na folha de pagamento da OS Pró-Vida a própria nora do prefeito, Carolina Morandim Granito, contratada com um salário aproximado de R$ 11 mil. Segundo as investigações, apesar de registrada como médica plantonista e coordenadora do pronto-socorro Matheus Santamaria, ela nunca teria ido ao local. Outro "fantasma" da Pró-Vida, sem relação de parentesco com Suman, era Maricy Ribeiro Mazzei, que, no papel, seria coordenadora do programa Saúde da Família no Guarujá, sem ter nunca exercido de fato essa função.

No entanto, mesmo com todos esses indícios, o prefeito alegou à reportagem do Fantástico ter apenas uma relação institucional com o empresário. A matéria parece desmentir essa afirmação de Suman. Num vídeo em que aparece abraçado à mulher, em aparente momento de descontração, música ao fundo em alto volume, o prefeito faz uma saudação a Almir e pede que Deus o abençoe. Em uma mensagem de Suman para a primeira-dama, ele escreve: "Edna, peça para o Nicolau buscar mais 50 com o Almir."

Não há registro de quando e como essa relação começou, mas já em 2018 a Pró- Vida contou com uma ajudinha providencial do Executivo para conquistar seu primeiro contrato com a prefeitura, referendado no dia 22 de janeiro e assinado em 5 de fevereiro daquele ano. Acontece que a composição do Conselho de Administração da OS não atendia ao previsto em lei para licitações públicas no Guarujá. Apontada a irregularidade, o que fez o prefeito? Encaminhou projeto para a Câmara, a fim de alterar a legislação vigente e permitir que a Pró-Vida fosse qualificada. O projeto seria aprovado em junho. Detalhe: um dos artigos dessa lei idealizada pelo prefeito, a 4.539/18, estabelece efeito retroativo ao dia 1º de janeiro de 2018, adequando-se perfeitamente dessa forma aos interesses da organização. A contratação da Pró-Vida teve ainda outros lances discutíveis, como o atraso de 20 minutos das outras duas proponentes à concorrência na data para a apresentação dos documentos necessários à habilitação. A formalização dos contratos na Prefeitura é executada por Celso Roberto Bertioli Jr, diretor de compras e licitações, também citado na investigação.

Ao todo, a OS de Matias teve cinco contratos com a prefeitura do Guarujá. Um sexto contrato seria registrado entre a empresa AM da Silva, de sua propriedade. Seu *modus operandi* era simples: além de superfaturar e cobrar por serviços não-prestados, ele deixava de pagar funcionários, débitos trabalhistas e tributários. O dinheiro saía da conta da OS para as contas de pessoas jurídicas de outros, sob seu controle, criadas para simularem ser prestadoras de serviços médicos ou fornecedoras de medicamentos. Dessa forma, ele conseguiu desviar R$ 109 milhões.

A amizade entre Matias e Suman começou a ficar abalada quando a Pró-Vida passou a atrasar salários e deixar as unidades sob sua responsabilidade sem materiais para o atendimento à população, o que chamou a atenção do Ministério Público estadual. Diante das irregularidades, o órgão recomenda ao prefeito a intervenção no contrato com a Pró-Vida.

Com o avanço das investigações, esse contrato com a OS comandada por Almir Matias é encerrado. A relação azeda de vez. Matias cobra o prefeito a devolução de carros blindados, "na frente da prefeitura". Segundo a PF, e o próprio advogado do cantor, esses veículos foram cedidos por Matias para o uso pessoal de Suman e sua esposa.

A investigação, obviamente, levou em consideração as declarações públicas de Matias, cobrando o prefeito. O empresário e cantor não é visto desde setembro do ano passado, quando veio à tona a Operação Nácar e a prisão do prefeito.

O impeachment avança

— Quando Suman virá a público para dar explicações sobre as denúncias de corrupção na prefeitura?

Essa era a pergunta que todos no Guarujá faziam naquele mês de setembro. No dia 20, o prefeito retornou ao cargo, depois de a Justiça lhe conceder liberdade provisória, 48 horas após a sua prisão.

Foi em meio a essa revolta diante do episódio ultrajante do encarceramento do prefeito, que nós entramos com o pedido de seu *impeachment*, exatamente uma semana após Suman ter sido conduzido a uma cela em São Vicente.

De forma unânime, a Câmara Municipal aceitou nossa representação – por meio da resolução 027/2021 – e no dia 23 de setembro realizaria a primeira reunião da Comissão Processante que analisaria a questão nos próximos meses. Essa Comissão seria formada pelos vereadores Fernando Martins dos Santos, o Peitola (PMDB), Juninho Eroso (PP) e Sirana Bosonkian (PTB). Apesar do início promissor, estava claro que o andamento do processo exigiria a união dos diversos segmentos da sociedade civil, dos partidos políticos, das igrejas e associações comunitárias.

Em 13 de outubro, tivemos um aguardado desdobramento para a análise do *impeachment* na Câmara. Era a data-limite para a apresentação da defesa do prefeito. Os advogados de Válter Suman foram até os vereadores apresentar suas justificativas sobre as denúncias levantadas pela operação Nácar.

O pronunciamento da defesa do prefeito para finalmente tentar explicar as implicações da investigação merecia ser acompanhado por toda a população. Por isso, semanas antes, fomos a público enfatizar que era de suma importância o Legislativo dar publicidade ao trâmite do processo de *impeachment*, por meio do sistema de consulta existente no portal da Câmara Municipal. Tal medida, essencial para a transparência do processo, estava prevista no regimento interno da Câmara e seus dispositivos sobre a tramitação de procedimento de *impeachment*. Toda a documentação e trâmites do processo, aliás, deveriam estar à disposição para consulta no portal da Câmara.

Mesmo naquela fase preliminar, a admissibilidade do *impeachment* estava suficientemente demonstrada. Qualquer que fosse o teor da defesa prévia, ela não seria suficiente para desconstituir tudo o que já foi considerado para a aceitação do processo.

Portanto, naqueles dias de outubro, nossa expectativa era que a Câmara emitisse parecer favorável à sequência daquele doloroso, mas necessário, procedimento, uma vez que já havia elementos suficientes para amparar o *impeachment* do prefeito, com provas documentais e materiais.

Na segunda quinzena de outubro, o processo de *impeachment* do prefeito prosseguiu. A comissão instaurada pela Câmara de Vereadores analisou a defesa prévia apresentada em nome do Executivo e decidiu emitir parecer favorável ao desdobramento do processo, que poderia culminar no impedimento de Suman. Foi uma sinalização positiva do Legislativo para a população.

A cassação havia se tornado assunto prioritário para o Guarujá. Afinal, o prefeito ainda não convencera tanto o Legislativo quanto a população de que seriam injustificadas as denúncias contra ele.

Era preciso agora acompanhar de perto o trabalho dos vereadores em sua função precípua de fiscalizar os atos do Executivo. E a atuação de nossos representantes dependia da cobrança da população em torno de uma investigação célere e transparente das irregularidades apontadas. Documentos e provas já haviam sido reunidos para a sustentação do *impeachment*.

A comissão marcaria para novembro os depoimentos-chave para o andamento do processo. Como autor da denúncia na Câmara, fui chamado a me pronunciar em plenário no dia 3 daquele mês. Aceitei a convocação e me encaminhei para o debate com a expectativa de termos um alto nível de discussão, de uma maneira republicana, a fim de que a cidade pudesse encontrar o melhor caminho para se livrar daquela armadilha política. Em meu pronunciamento, reforcei o sentimento popular em torno do prefeito:

— Não há condições para ele permanecer no cargo. Há enormes evidências da falta de decoro por parte do Executivo. Os senhores precisam tomar a decisão certa. O povo não suporta mais essa situação vexatória para o Guarujá.

Sabia de antemão que o sucesso do processo político em curso dependia, e muito, da resposta de todos os cidadãos do Guarujá.

Naqueles dias, organizamos e participamos de uma série de vigílias semanais diante da Prefeitura e da Câmara Municipal. Os encontros aconteciam todas as sextas- feiras, com a presença de representantes de todos os setores da população. Alguns mais exaltados chegaram a sugerir atos defronte a residência do prefeito (localizada em uma avenida costeira, portanto, de mais fácil acesso). Mas argumentei que isso seria uma violência contra a cidadania e os princípios democráticos, tendo em vista os eventuais desdobramentos do protesto no trânsito e na vida das pessoas que estivessem de passagem e não quisessem engrossar o clamor das vigílias.

Era mais uma demonstração do amadurecimento de movimentos democráticos no Guarujá, sobre os quais falarei mais adiante. Com as vigílias, não apenas manifestávamos nossa indignação, mas também cumpríamos com nosso dever de alertar os vereadores sobre a transparência e lisura do processo. Protocolamos inúmeras petições na Câmara Municipal, solicitando cautela e lucidez aos membros do poder Legislativo e em especial aos da comissão processante. Dessa forma, enfatizávamos o princípio de que o Legislativo tem a obrigação de fiscalizar os atos do Executivo, ainda mais em um episódio de graves proporções como a suspeição do prefeito.

A população estava preparada e os vereadores devidamente prevenidos sobre sua responsabilidade, naqueles dias que antecederam a oitiva do prefeito na Câmara.

"Médico ou monstro?"

— Estou em paz com a minha consciência.

Mal podia se ouvir o prefeito naquele breve pronunciamento à imprensa, em 11 de novembro. Quase não se ouvia a voz de Suman, abafada pelo alarido dos moradores que foram à Câmara protestar e exigir o seu afastamento do cargo. Ele tinha acabado de prestar depoimento à comissão de vereadores que analisava o seu *impeachment* – e o resultado de sua aguardada aparição pública para prestar esclarecimentos foi demasiado frustrante.

A plateia levou faixas com mensagens contundentes ao plenário: "Corrupção, o verdadeiro câncer do Guarujá"; "Dr Suman, médico ou monstro?" Sobrou até para os vereadores. Um dos dizeres alertava: "Vereador que apoia corrupção não merece reeleição."

Devido à pandemia, nem todos os moradores puderam ocupar o plenário. Muitos ficaram do lado de fora, onde o clima para o prefeito também não era nada amistoso.

A população do Guarujá estava revoltada com os fatos apurados. A responsabilidade sobre o resultado do *impeachment* recaía sobre a Câmara, cuja decisão não seria passível de recurso. Caso acontecesse, o ato imoral de um arquivamento sumário ficaria registrado na história.

Poucos dias antes do depoimento do prefeito, no início daquele mês de novembro, o processo de *impeachment* entrara em uma fase decisiva. Os ex-secretários Marcelo Nicolau, da Educação, e Rogério Rudge, de Desenvolvimento Econômico e Portuário, haviam sido convocados para prestarem depoimento na Câmara, o que acabaria acontecendo no dia 8. O primeiro, conforme já falamos, era apontado como o caixa do esquema e também teria se beneficiado com vantagens indevidas. Rudge, por sua vez, atuaria como operador financeiro do prefeito, ajudando-o a ocultar o patrimônio amealhado com as fraudes. Ele seria no papel o proprietário de um apartamento de luxo adquirido pelo prefeito, e de alguns veículos da família Suman.

Lamentavelmente, assim como Suman faria depois, seus ex-secretários também adotaram um comportamento evasivo, facilitado pela postura dócil dos vereadores da comissão processante, que se eximiram de ser efetivamente incisivos em seus questionamentos e análises.

Os depoimentos dos ex-secretários foram o primeiro ato de um desaforado espetáculo teatral, cuja cena derradeira aconteceria três dias depois, com Suman no centro do palco. Marcelo Nicolau e Rogério Rudge nada acrescentaram ao que todos já sabiam sobre as denúncias. Perguntas muito fracas e evasivas foram formuladas. Um dos integrantes da comissão sequer chegou a questionar alguma coisa.

O mesmo se viu na fala de Suman. Foi uma quinta-feira de vergonha para a política do Guarujá. Durante mais de uma hora, o prefeito tergiversou. Não respondeu a perguntas específicas e se utilizou de rodeios em suas declarações; ignorou vários fatos robustos apresentados que pesavam contra ele; e, finalmente, não pediu desculpas à população por seus atos. Nada foi esclarecido.

Finalizado o depoimento de Suman, ao observar ali na Câmara sua figura acuada, tínhamos uma certeza: o prefeito não tinha mais nenhuma autoridade moral para continuar no cargo. Ele havia rompido a barreira do que chamamos de moralidade pública, que é o decoro do cargo.

O processo de *impeachment* chegava a um impasse muito perigoso para a democracia e a transparência no uso dos recursos públicos do município.

As lamentáveis sessões na Câmara não haviam cooperado para elucidar as irregularidades apresentadas.

Em respeito à população, fomos à imprensa pedir que novas oitivas fossem convocadas, a fim de que respostas às denúncias surgissem.

O fato é que Suman foi à Câmara já reinvestido do cargo. Dias antes, no início daquele mês de novembro, ele havia sido reconduzido a suas funções na Prefeitura, em uma decisão da Justiça Federal que não entrava no mérito da denúncia do Ministério Público contra o político. O documento de defesa que garantiu esse retorno nunca foi divulgado na íntegra.

Sua consciência podia estar tranquila, mas o ambiente político no Guarujá continuava fervilhante.

Quebra de decoro

— Terei 15 minutos para falar. Depois, os vereadores também poderão se manifestar.

No início de dezembro, em uma entrevista à tevê local, eu antecipava um pouco do rito do julgamento do pedido de *impeachment* do prefeito do Guarujá.

A Operação Nácar havia levantado inúmeras denúncias consistentes contra a gestão de Válter Suman e seus secretários. Eles tiveram a oportunidade de se defender em sessão na Câmara Municipal, mas preferiram o ardil de se omitirem de prestar qualquer esclarecimento aos vereadores. O Legislativo, por sua vez, foi complacente com essa atitude. Esse era o cenário antes da votação do *impeachment* do prefeito no final de 2021. O processo precisava ser encerrado até o dia 29 de dezembro daquele ano.

Com o encerramento do processo de instrução, o prefeito deveria apresentar sua defesa por escrito. Após receber esse documento, a comissão processante emitiria um parecer escrito, a ser encaminhado ao presidente da Câmara. Este então ficaria responsável por marcar a sessão de julgamento, quando seria realizada a leitura das peças, momento em que a povo poderia se manifestar verbalmente, diante da comissão.

Para a população, naquela altura do campeonato, ficava a sensação de que existia ainda muita coisa a ser desvendada. Para nós, autores da ação que motivou a investigação, o depoimento inócuo do prefeito havia confirmado que não teríamos fatos adicionais contrários à sustentação do *impeachment*.

Evidentemente, o processo político-administrativo que culmina em um *impeachment* está sujeito à defesa do contraditório, ao trabalho dos peritos; não pode ser precipitado, sob pena de comprometer o justo resultado que dele se espera. No entanto, uma falta grave do Executivo já estava comprovada, diante do que já sabíamos pela investigação da Polícia Federal: a quebra de decoro do prefeito, suficiente para seu afastamento do cargo.

Havia uma série de documentos nos autos do processo, trazidos tanto pela Polícia Federal quanto pelo Ministério Público, e que foram submetidos à apreciação de dois desembargadores. Em momento algum, eles afastaram a gravidade dos fatos, o que sustentava o pedido de *impeachment*.

A quebra de decoro era, portanto, um fato objetivo, configurando de maneira evidente a ruptura da lisura na administração da cidade. Diante de tudo isso, o prefeito poderia ser afastado ainda naquele ano, ao final do processo em curso.

Guardiões da fiscalização dos atos do prefeito, os vereadores tinham nas mãos a grande chance de escreverem uma história maiúscula de afirmação da democracia na cidade do Guarujá.

No dia 10 de dezembro, uma sexta-feira, a Comissão Processante estivera reunida para a leitura e ciência do parecer emitido pelo relator, o vereador Edmar Lima dos Santos, o Juninho Eroso. Após deliberações entre seus membros, a comissão encaminharia à Presidência da Câmara na segunda-feira seguinte, 13 de dezembro, o relatório final que seria lido no plenário da Casa na sessão de julgamento.

A data marcada pela Presidência da Câmara para a votação e veredito do pedido de *impeachment* havia sido o dia 15 de dezembro, uma quarta-feira. A sessão seria aberta ao público à noite. Ainda sob os cuidados protocolares de saúde impostos pela pandemia, apenas 50% das galerias do plenário seriam liberadas para os munícipes que desejassem acompanhar a decisão.

Durante a sessão, após a leitura do processo (que tinha quase duas mil páginas), qualquer um dos vereadores presentes na Sessão estava habilitado a fazer o uso da palavra. Como autor do pedido de *impeachment*, teria direito a 15 minutos de fala. Para a defesa oral do denunciado, este – ou seu procurador – teria duas horas à disposição. Concluída essa fase, ainda na mesma sessão, aconteceria a votação nominal. Depois disso, o presidente da Câmara deveria anunciar o resultado.

Aguardávamos uma longa noite de manifestações e discursos, o que de fato aconteceu. O que não esperávamos era o desfecho vergonhoso da sessão. O julgamento adentrou pela madrugada e prosseguiu no dia seguinte. Já era a tarde de quinta-feira, dia 16 de dezembro, quando conhecemos o veredicto: por 11 votos a cinco, o pedido de *impeachment* contra o Válter Suman seria arquivado. O presidente da Câmara, José Nilton Lima de Oliveira, o Doidão, não chegou a votar, mas manifestou-se favoravelmente à manutenção do prefeito no cargo. Para que este fosse cassado, seriam necessários 12 votos favoráveis ao afastamento. Os cinco vereadores favoráveis ao *impeachment* foram: Toninho Salgado e Raphael Vitiello (ambos do PSD); Vargas (PTB); Waguinho (então no DEM) e Professor Anderson (Podemos). Em nota, o prefeito agradeceu seus advogados e disse que agora iria exigir de sua ex-parceira, a Pró Vida, ressarcimento de valores em nome da Prefeitura.

A decisão dos vereadores simplesmente desconsiderava todas as evidências da falta de decoro reunidas pelo trabalho de investigação do MP e da PF, bem como o conjunto de condutas do prefeito que se revelam incompatíveis com a dignidade do cargo. Ademais, Suman não havia legitimado em seu depoimento – nem em sua defesa, protocolada na Câmara no dia 3 de dezembro – que as provas documentais contra ele seriam sigilosas. Assim como também não conseguira explicar, até ali, a origem da fortuna, em dinheiro e joias, encontrada em seus imóveis e até mesmo em seu gabinete.

O próprio relator do processo reconhecia que os fatos apresentados eram graves. Porém, em contrapartida, alegou dois obstáculos contra o prosseguimento do *impeachment*: a) o julgamento do crime pela justiça ainda não havia ocorrido; e b) as informações tinham sido obtidas por meio de documentos sigilosos.

Ora, o prefeito poderia facilmente comprovar que os documentos são sigilosos, se assim o fossem, e não o fez. Além disso, a ausência de julgamento do crime pela Justiça não impedia que a Câmara analisasse os fatos quanto à quebra do decoro e a indignidade do prefeito, circunstâncias que poderiam ser claramente avaliadas a partir dos fatos e dos documentos que já estavam em poder do Legislativo.

Em nosso entendimento, a recusa dos vereadores em dar seguimento ao *impeachment* de Suman configurava uma prevaricação política. Era como se a Câmara de Vereadores pedisse demissão de sua função fiscalizadora, eximindo-se de realizar o julgamento político, que é seu dever. Embora isso não seja um crime previsto na lei, é uma conduta que demonstra a fraqueza do papel fiscalizador dos vereadores, que se esquivavam de exercer sua prerrogativa, e permitiam que o prefeito, mesmo sob quebra de decoro e indignidade, continuasse no cargo.

E o que era mais grave: o arquivamento ignorava não apenas os fatos, mas também o sentimento da população, de servidores públicos e até mesmo de lideranças políticas, convencidas de que a cidade estava ingovernável, praticamente dizimada sob o peso do impasse e da suspeição sobre o Executivo. O tempo provaria que esse sentimento era genuíno. Válter Suman voltou a ser detido e afastado do cargo em 2022, conforme detalharemos a seguir. Até mesmo a vice-prefeita seria alvo de *impeachment*.

Se isso não significa vivermos em uma cidade ingovernável...

Vivemos até hoje esse pesadelo, após ter desperdiçado, ainda em 2021, uma oportunidade histórica de mudança e afirmação da democracia.

Impeachment, o retorno

O verão havia chegado, e o Guarujá permanecia inquieto, após o desfecho desafortunado do pedido de *impeachment*. As altas temperaturas não se resumiam às tardes ensolaradas da cidade: no campo político, havia ainda muito caldo para fervura.

Válter Suman havia retomado suas funções à frente do Executivo. O seu índice de reprovação, apurado por pesquisa que ouviu 800 eleitores no município, era recorde: 63,3% das pessoas desaprovavam sua gestão. Ele havia retornado com ideias mirabolantes e elitistas, como a criação de *beach club* na praia do Pernambuco. Mas essa calmaria não durou muito tempo. Logo o prefeito voltaria a navegar em águas turvas.

A segunda fase da Operação Nácar ainda estava por vir e, com ela, recomeçaríamos a luta pelo *impeachment* do prefeito.

Foi nas primeiras horas do dia 29 de março que uma nova operação conjunta da Polícia Federal, integrada com a Controladoria-Geral da União e o Tribunal de Contas da União, seria deflagrada no Guarujá. O objetivo era aprofundar a apuração de fraudes já realizadas na primeira fase da Nácar. Dessa vez, a operação cumpriu 55 mandados de busca e apreensão, efetuando diligências na própria Prefeitura, na Câmara e em domicílios de políticos. Sete vereadores tiveram imóveis revistados. Documentos, celulares e computadores foram o alvo da enorme equipe mobilizada, que incluiu mais de 200 policiais e três auditores da CGU.

O despacho do Ministério Público ao desembargador federal Nino Toldo assegura que as investigações revelaram a existência "do sistema de corrupção sistêmica instalado na Prefeitura Municipal do Guarujá, onde grande parte dos contratos administrativos firmados pela PM eram previamente negociados e ajustados com empresários, mediante pagamento de vantagens ilícitas".

Com a operação, a Justiça Federal determinou o bloqueio de R$ 110 milhões em bens e valores, além do afastamento de ocupantes de cargos comissionados e eletivos. Sob os investigados, havia acusações de peculato, corrupção ativa e passiva, fraude em licitação, organização criminosa e lavagem de dinheiro. O desembargador Toldo comunicou ao Legislativo municipal que, diante do ocorrido, o prefeito ficaria suspenso de seu cargo até novas deliberações. Além dele, os secretários Sidnei Aranha (meio ambiente) e Edilson Dias (desenvolvimento e assistência social) estavam sumariamente afastados. Sob esses dois pesava uma denúncia de solicitação de propina para aprovação de projetos na área de construção, que seria destinada à defesa do prefeito Suman no processo deflagrado pela Operação Nácar.

Todos ficavam, portanto, impedidos pela Justiça de acessar a sede da Prefeitura. Suman e sua mulher deveriam cumprir inclusive outras medidas cautelares, como a proibição de sair do país e o uso de tornozeleira eletrônica. A vice-prefeita, Adriana Machado, foi chamada a assumir o cargo.

O Guarujá não merecia passar por outro episódio como esse. A cidade voltava a ser exposta como mau exemplo de gestão pública por parte de seu prefeito. Mas os fatos estavam postos, e não havia outro remédio senão retomar o processo de *impeachment*.

Com o primeiro pedido, nós queríamos retirar a política do noticiário policial e resgatá-la como o necessário instrumento de afirmação da cidadania e propositura de políticas públicas que façam sentido, ajudando as pessoas, discutindo ideias para o momento de aplicação e também preparando o futuro, gerando oferta sustentável de emprego e renda. Tínhamos – e permanecemos tendo – a certeza da urgência dessa luta que é coletiva.

Foi com esse respaldo da população severamente incomodada com o desdobramento das investigações sobre o prefeito que entramos, ainda no dia 29 de março, com novo pedido de *impeachment*. O enredo de desprezo ao interesse público era o mesmo, mas, dessa vez, nossa intenção era reagir com ainda mais contundência contra as irregularidades apontadas na força-tarefa da Polícia Federal.

A segunda etapa da Operação Nácar concluía seu relatório com revelações estarrecedoras, e novamente colocava em evidência o nome de figuras implicadas na primeira investigação: o prefeito e a primeira-dama; o dono da OS Pró-Vida, Almir Matias; e o ex-secretário Marcelo Nicolau. A lista agora tinha ainda o secretário Rogério Rudge; o atual e o ex-secretário municipal de Saúde, Vitor Hugo Straub Canasiro (em exercício) e Sandro Luiz Ferreira de Abreu, que assinou o contrato com a Pró-Vida. Ambos eram cientes das irregularidades. Vitor deu aval a contratações emergenciais de itens superfaturados, fornecidos por uma das empresas do empresário Almir Matias. Sandro estava na lista daqueles que Suman indicara para receber seu quinhão do dinheiro arrecadado ilicitamente (no caso do ex-secretário, uma "mesada" de R$ 6 mil).

O chefe de gabinete, Fabrício Henrique Guilherme, também é citado. Ele teria ido a campo para oferecer dinheiro ao jornal A Pérola Guarujá, a fim de que o veículo retirasse postagens referentes ao esquema da prefeitura na saúde. Foi ele também o encarregado de fazer a interlocução e pagar R$ 35 mil ao vereador Juninho Eroso. A negociação aconteceu dias antes de vir a público o relatório da Comissão Processante, assinado por Juninho, que sugeriu o arquivamento do processo de *impeachment* do prefeito.

Contando com Juninho, seis dos 17 vereadores da cidade também seriam citados no inquérito da PF. Segundo a investigação, todos teriam recebido benefícios em troca de apoio ao prefeito em votações no Legislativo.

Descobriu-se ainda na segunda fase da operação que os tentáculos do esquema de desvio de recursos públicos chegavam até a pasta da educação. Contratos no valor de R$ 30 milhões para compra de merenda estavam sob suspeita. Mensagens de áudio entre o ex-secretário Nicolau e Dennis Perlman, proprietário da empresa Armazém 972, levam a crer que esta fora favorecida na contratação. Um ano antes da concorrência, o nome da Armazém já aparecia numa planilha do ex-secretário. Essa e outras empresas da família de Perlman teriam mais de R$ 122 milhões em contratos com a prefeitura. Em outra mensagem, Suman pergunta para a primeira-dama quanto a Armazém "vai doar para a campanha" e a mulher responde que o valor seria R$ 800 mil. Para a PF, o termo "doação" é um código para "propina". O ex-secretário Nicolau não negou em seu depoimento que mantinha uma relação de amizade com Dennis, o empresário agraciado com contratos milionários.

Um contrato da Armazém indicado como suspeito pela investigação, para fornecimento de carnes, foi firmado no dia 8 de outubro de 2021, pouco menos de um mês depois da prisão de Suman e Nicolau. Para a PF, a contratação comprovava que a primeira fase da Nácar não havia intimidado o grupo do prefeito em suas práticas corruptoras. Nas anotações do ex-secretário de educação, esse contrato previa uma propina de R$ 300 mil, lançada sob a nomenclatura "investimento". Mensagens indicam que o prefeito e a primeira-dama saberiam do direcionamento da concorrência.

Além de conversas e documentos comprometedores, chamavam a atenção entre os materiais recolhidos pela Polícia planilhas com nomes de funcionários indicados por pessoas ligadas ao esquema de desvio de dinheiro.

A partir de nosso novo pedido de *impeachment*, o assunto começou a ser discutido pelo Legislativo no dia 5 de abril. Alertei o presidente da Câmara Municipal – Edmar Lima dos Santos, o Juninho Eroso (PP) – que seis vereadores também estavam sendo investigados pela operação: o próprio Juninho; e ainda Mário Lúcio, Naldo Perequê e Nego Walter (todos do PSB, antigo partido do prefeito), Sirana Bosonkian (PTB) e Santiago Angelo (PP). Os seis estavam ligados a fatos delitivos que inspiraram a solicitação de *impeachment* – indicação de funcionários fantasmas e recebimento de valores em troca de apoio ao prefeito – e, portanto, impossibilitados de participar do processo, com base no regimento interno da casa. No entanto, a Mesa Diretora da Câmara ignorou nossos apelos em favor da lisura.

O nome de Juninho Eroso estava envolvido em uma das peças mais importantes e comprometedoras da Operação Nácar. Em troca de mensagens entre Suman e seu chefe de gabinete, o prefeito diz que havia falado com Eroso, e que iria "ajudar com 35". A conversa aconteceu dias antes do arquivamento do primeiro pedido de *impeachment* pela então comissão processante, da qual Eroso era relator.

Outra citada, a vereadora Sirana, teve seu nome incluído em uma lista escrita à mão pela primeira-dama Edna, com um OK e o valor de R$ 15 mil rabiscados na mesma linha. Ela também afirma em mensagens trocadas com o Executivo que "qualquer coisa na Câmara, vamos arquivar".

Ao final daquela sessão, a Câmara acatou por unanimidade o pedido de *impeachment* e abriu nova comissão processante para analisar o caso. Por sorteio, foram definidos três nomes: Carlos Vargas (PTB), como relator, Fernando Martins dos Santos, o Peitola (MDB), como presidente da comissão, e ainda Santiago Angelo, que, conforme havia ressaltado entre seus pares, era um dos vereadores mencionados na investigação da Polícia Federal. Ele chegou a pedir para não participar do grupo, mas sua solicitação não foi aceita. Segundo a PF, o nome da mãe de Santiago estava em uma lista de funcionários registrados na OS Pró Vida que recebiam ordenado sem trabalhar. Ainda segundo a investigação, indicações de funcionários fantasmas era uma prática recorrente, e outros vereadores também se utilizaram da artimanha. Nego Walter, por exemplo, teria indicado três desses "servidores".

O vereador Peitola era o único dos três que também havia participado da comissão processante do primeiro pedido de *impeachment*, em 2021. Para ele, havia dessa vez novos elementos apontados pela investigação que valiam a pena ser avaliados.

A comissão atual teria um prazo de cinco dias para notificar o prefeito. Este então teria dez dias para arrolar testemunhas e apresentar sua defesa prévia, que poderia ser deferida ou não pela comissão. Com efeito, no prazo indicado, a defesa do prefeito foi apresentada à Comissão Processante da Câmara de Guarujá, que a analisou e decidiu pelo prosseguimento do processo de cassação. Os vereadores entenderam não possuir elementos suficientes para sancionar o pedido de arquivamento trazido pela defesa.

A mobilização popular começou imediatamente. Um abaixo-assinado com mais de 500 nomes foi protocolado no Ministério Público

Estadual e na Câmara Municipal de Guarujá, solicitando que os seis vereadores investigados nos termos da representação apresentada pela Polícia Federal fossem não apenas impedidos de participar da Comissão Processante que iria apurar a responsabilidade do prefeito, bem como também estivessem fora da votação do novo pedido de *impeachment*. Era a população demonstrando estar atenta ao processo que tinha o condão de passar a política da cidade, e que não aceitava mais condutas imprópias e antiéticas de seus políticos.

Um relatório ainda mais contundente

Um homem confiante, bem diferente daquele que subiu no camburão da Polícia Federal meses antes. Assim podemos descrever Válter Suman em sua primeira aparição pública, de mãos dadas com a primeira-dama, após retirar a tornozeleira eletrônica, no mesmo prédio da PF onde fora ouvido quando a Operação Nácar iniciou suas batidas.

Aos olhos da Justiça, ele pôde enfim retornar ao cargo, ocupado provisoriamente ao longo de 70 dias pela vice-prefeita, a também médica Adriana Machado. Mas, aos olhos da opinião pública, ainda havia muito a ser esclarecido.

Ao que tudo indicava, o prefeito seria discreto enquanto aguardasse o veredito do *impeachment*. Dias antes daquela aparição, ele tivera a chance de se defender publicamente, em depoimento que deveria ter acontecido na Câmara Municipal. Mas na ocasião o então alcaide afastado não atendeu ao chamado da oitiva. Preferiu protocolar sua defesa por meio de um advogado.

A justificativa para a ausência era mais uma manifestação de escárnio do prefeito ao processo: disse em sua defesa que o juiz havia determinado que ele não entrasse em repartições públicas. Ressalte-se que a ordem da Justiça dizia respeito aos órgãos ligados ao Executivo e não ao Legislativo, onde transcorriam as sessões da comissão que analisava o *impeachment* de Suman.

Apesar da desconsideração com os anseios populares demonstrada pela defesa do prefeito, havia muito a ser esclarecido. A Polícia Federal, a Controladoria-Geral da União e o Tribunal de Contas da União haviam reunido um farto material sobre a eventual prática de desvio de verbas da saúde e educação na gestão Suman. E o relatório do Ministério Público com a investigação que antecedeu as diligências da segunda fase da Operação Nácar era ainda mais contundente do que o documento anterior: para o MP e a Polícia Federal, o sistema de freios e contrapesos estabelecido para o controle de poderes no Guarujá "encontra-se corrompido" e se faz necessária e urgente a "intervenção do poder judiciário nos poderes Executivo e Legislativo" da cidade.

Em linha com essa conclusão, o MP pede a prisão preventiva dos envolvidos e o bloqueio e sequestro de seus respectivos bens, entre outras medidas.

O biombo dos fujões

— O rei e a rainha voltaram a agir de forma irresponsável.

Esse foi o alerta que fiz no dia 23 de maio, quando fui novamente convocado à Câmara Municipal, para defender o segundo pedido de *impeachment* contra o prefeito. Havia apenas seis meses que tinha ido àquela casa e feito meu primeiro apelo pelo *impeachment* do prefeito. Daquele dia até aquela presente data, a situação de Suman havia piorado. Novos elementos foram acrescentados à investigação que pairava sobre ele, na esteira da segunda fase da Operação Nácar. O relatório do MP/PF indicava claros indícios de reiteradas práticas criminosas em plena prefeitura, com reverberações nas secretarias e até mesmo entre integrantes do próprio Legislativo, que, naquele momento, deveria ter a grandeza de avaliar com transparência todas as acusações que pesavam contra Suman. Fiz minhas considerações para os vereadores da Comissão Processante, Santiago Angelo (PP), Carlos Vargas (PTB) e Fernando Martins Peitola (MDB), presidente da comissão. Naquele momento, a comissão tinha 90 dias para concluir o trâmite.

Procurei trazer em meu depoimento o retrato fiel do que vivia a cidade do Guarujá naqueles dias, mergulhada num quadro insustentável de instabilidade política, provocada por flagrantes irregularidades cometidas a partir do próprio Executivo:

— É uma vergonha ter um prefeito que foi preso pela Polícia Federal e depois foi afastado do cargo pela Justiça. Justiça que, inclusive, determinou a colocação de tornozeleira eletrônica nele e na esposa. Suman não tem explicações claras sobre os fatos, já que agiu sem a transparência e compliance necessários, e a Câmara não pode ficar passiva, assistindo a tudo isso. A imagem da cidade, que já vem sendo desgastada, ficou ainda pior com mais essa perda de credibilidade pública. Consta no inquérito que o prefeito e a primeira-dama são chamados de rei e rainha, respectivamente, o que é ridículo. Saíram em rede nacional de tevê, e não tiveram como explicar tudo o que aconteceu na sua administração. Os fatos são muito graves.

Na segunda-feira seguinte à minha ida até a Câmara, dia 30 de maio, era aguardado o comparecimento do ex-secretário Marcelo Nicolau e Renata Martins de Souza Bernardo (envolvida na oficialização do contrato com a empresa Armazém 972), mas eles não foram ao plenário. Desrespeitando o Legislativo e a população, enviaram justificativas por escrito.

O mesmo procedimento foi utilizado na semana seguinte por mais dois citados na investigação, Hugo Passos e Celso Bertolli Jr. Os depoentes estavam claramente orientados a esvaziar o trabalho da Comissão. No entanto, independente das oitivas, esta tinha todos os elementos para julgar procedente o afastamento do prefeito. A peça produzida pelo MP/PF já trazia todas as evidências necessárias para essa decisão.

Todas as atenções voltaram-se então para a fala de Suman na Câmara. Notificado em 26 de abril, ele deveria comparecer no dia 13 de junho para prestar esclarecimentos diante dos vereadores. Mas, sem provocar surpresa, o prefeito também se eximiu de vir a público elucidar os inúmeros pontos nebulosos de sua indigna gestão.

Pelo cronograma inicialmente fixado pela comissão, o depoimento do prefeito seria o último antes de ser marcado o julgamento do pedido de *impeachment*. Os vereadores tinham até o final de agosto para concluir o processo, mas, conforme salientamos em nossas manifestações à época, já havia elementos para que fosse produzido o relatório final a ser submetido para o julgamento do plenário da Câmara.

Com efeito, a decisão sobre o novo pedido de *impeachment* do prefeito saiu antes do imaginado. O que, necessariamente, não seria uma boa notícia.

No dia 14 de junho, a comissão decidiu encerrar a etapa de instrução do processo, em que são ouvidas as testemunhas e convocados a depor. Com isso, o prefeito teria cinco dias após notificação para apresentar sua defesa por escrito. De posse da defesa e dos demais documentos reunidos pelo processo, o relator (vereador Eduardo Vargas) faria seu parecer, recomendando ou não a cassação do prefeito. A partir da conclusão do relatório, o presidente da comissão, vereador Peitola, marcaria a sessão de julgamento.

Foi também nesse dia que a quinta turma do Superior Tribunal de Justiça (STJ) decidiu interromper as medidas cautelares anteriormente impostas contra Suman. Com isso, ele poderia retirar as tornozeleiras que passaram a fazer parte de sua rotina (o que acontecem três dias depois, na sexta-feira de Corpus Christi). Mais do que isso: ele poderia retornar ao cargo. Em tom de despedida, a então prefeita em exercício, Adriana Machado, anunciou nas redes sociais que deixava suas atribuições para dar lugar ao titular que convivia com a possibilidade de *impeachment*.

A volta de Suman ao cargo causou profunda indignação entre toda a sociedade do Guarujá. Não havia a mínima condição de governabilidade para o prefeito investigado. Mas ele parecia disposto a ocupar novamente a cadeira de prefeito a qualquer custo, mesmo sob o peso de um pedido de *impeachment* que prosseguia na Câmara, baseado em evidências inequívocas da falta de decoro dele e de vários secretários e assessores. Era uma situação temerária – e muito constrangedora, até mesmo para os eleitores do médico.

No dia 18, uma carreata foi organizada para demonstrar o repúdio da população com o retorno de Suman à prefeitura. Foi um momento importante para a luta coletiva. Participei diretamente da organização, ajudando a pintar faixas e incentivando a adesão de manifestantes. O protesto durou mais de duas horas, seguindo desde a praça 14 Bis, em Vicente de Carvalho, até a praça Horácio Lafer, na Enseada. A carreata serviu também para passarmos à Câmara uma mensagem: os vereadores tinham em suas mãos a chance de tirar o Guarujá do atoleiro político.

Comecei a sugerir que os eleitores procurassem os vereadores e conversassem com eles para apoiar o *impeachment*.

Enfim, o processo do segundo pedido de *impeachment* entrava em sua fase final. Havia uma enorme expectativa de que o veredicto dos parlamentares expressasse a vontade popular de se preservar a transparência da política na cidade. Nutríamos o desejo de que uma era de escândalos políticos tivesse fim em breve.

Mas havia também o mesmo risco do ano passado, de vermos frustradas nossas aspirações. Na gíria do funk, sabíamos que o bonde do Suman poderia dominar tudo novamente.

Era um bonde poderoso, disposto a atropelar a democracia.

No passinho do Suman

— Ingratidão rompe alianças.

A frase em tom de ameaça é do prefeito Suman. Ele a utiliza com frequência nas conversas interceptadas pela Polícia Federal na investigação da Nácar. É um recado direto para seu pessoal separar aqueles que estariam do seu lado na votação do *impeachment* e os que, na sua opinião, deixariam de cumprir com o combinado. O momento de ele ver essa gratidão colocada à prova estava se aproximando. Mas, às vésperas do julgamento, uma nova bomba é deflagrada para tumultuar o já combalido cenário político do Guarujá.

No dia 6 de julho, é protocolado e vem a público o relatório da Polícia Federal que indicia Suman por associação criminosa e corrupção passiva. O prefeito e mais oito pessoas teriam cometido irregularidades em um contrato emergencial no valor de R$ 4 milhões, firmado em 2020 para a higienização das unidades de saúde, da praça 14 Bis e dos paços Raphael Vitiello e Moacir do Santos Filho, com a empresa AM Silva. Para essa medida, justificada pela Covid-19, bastariam água e desinfetante. Além disso, segundo o relatório, não havia justificativa para essa contratação, uma vez que já haviam outros serviços de limpeza vigentes, firmados anteriormente pela prefeitura.

Em uma investigação diretamente relacionada com a Operação Nácar, a conclusão do relatório é que, com a participação direta de servidores públicos, houve fraude na contratação da empresa, pertencente a Almir Matias, até então notoriamente próximo ao prefeito Suman. Este também teria infringido, com a contratação, a Lei das Licitações (Lei 8.666/93). Graças a uma montagem processual, a licitação foi direcionada para a AM Silva vencer. Outras concorrentes que estavam na disputa pelo contrato eram empresas ligadas a Almir Matias. O superfaturamento do contrato foi estimado pela CGU em R$ 3,2 milhões. Dois documentos – duas versões da mesma proposta – que constam do relatório revelam que, em um determinado momento, em questão de dias, o valor a ser proposto pela AM Silva para o contrato saltou de R$ 2 milhões para R$ 4 milhões. Detalhe: a primeira proposta foi impressa com data anterior à própria publicação do processo administrativo de contratação direta, que seria instituído depois pela prefeitura.

Estava agora nas mãos do Ministério Público Federal requisitar novas diligências, arquivar a denúncia ou oferecê-la ao Judiciário.

Após o anúncio do indiciamento, justamente no dia anterior à data marcada para o julgamento do segundo pedido de *impeachment* do prefeito na Câmara, a expectativa era que os vereadores levassem em conta mais essa complicação do prefeito na Justiça. Em nota, os advogados dele desafiavam as autoridades e a imprensa a provarem que Suman morou em apartamento ou utilizou veículos que pertenciam a Almir Matias. No texto, defendiam a tese de que tudo não passava de "fofoca" e mais uma "orquestrada maneira de prejudicar ainda mais a imagem do meu cliente".

O "ainda mais" pode ter sido um ato falho, mas certamente revelador da situação do prefeito. Não sabemos se ele dormiu tranquilamente na véspera do segundo julgamento. De minha parte, quase não fechei os olhos naquela noite. O dia 7 de julho seria decisivo para nossa luta e para nossa cidade.

O mesmo placar, a mesma pantomima

No dia seguinte ao indiciamento do prefeito, o Guarujá novamente entrou em suspenso para acompanhar a votação do novo pedido de *impeachment* do prefeito. Era uma nova chance para a Câmara se redimir e decidir pelo afastamento definitivo de Suman por quebra de decoro.

Toda a nossa argumentação a favor da cassação do prefeito fora baseada no que já constava nos processos, informações que já haviam sido amplamente divulgadas pela imprensa. Eram constatações estarrecedoras, amparadas em fatos objetivos, que traziam graves acusações contra ele e diversos outros envolvidos. Tão pesadas que motivaram por parte da Justiça o afastamento do prefeito e o uso de tornozeleira, aplicada nele e também na primeira-dama. Isso sem contar o vexame da prisão em flagrante, ainda em 2021. Para a defesa de Suman, no entanto, os fatos relatados no inquérito policial não poderiam ter sido trazidos a público. Ele havia desdenhado da oportunidade de fazer sua defesa na Câmara. Não o fez deliberadamente, abrigado em uma firula jurídica.

Naquela quinta-feira de julgamento, todos os fatos estavam expostos, de forma cristalina. Nada havia de subjetivo a ser analisado. Bastava aos parlamentares olharem para todo o material reunido pela investigação da Polícia Federal para identificar uma manifesta quebra de decoro por parte do prefeito.

O primeiro sinal vindo por parte dos vereadores não foi positivo. Alguns se atrasaram e a sessão, prevista para começar às 10 horas, foi iniciada pouco antes do meio- dia, quando finalmente todos os 17 parlamentares da casa estavam presentes. O plenário da Câmara estava praticamente tomado. Uma ausência era dada como certa: a do próprio prefeito, Valter Suman. Mas este já sabia da pantomima que ali seria representada. Eram necessários pelo menos 12 votos para confirmar o *impeachment* de Suman. No julgamento anterior, em dezembro passado, o placar havia sido 11 a 5 pela não-cassação do prefeito.

Assinado pelos três integrantes da Comissão Processante – vereadores Peitola, Carlos Vargas e Santiago Angelo –, o relatório apresentado na sessão não recomendava o afastamento. Após a leitura da conclusão do documento, as lideranças tiveram a oportunidade de se manifestar.

Praticamente imobilizado diante daquele cenário político conturbado, o Guarujá merecia que houvesse naquele momento um gesto de defesa da ética na gestão pública por parte do Legislativo. Mas esse gesto não veio. Louve-se a manifestação na tribuna dos vereadores Waguinho e Professor Anderson. Ambos pediram publicamente que o julgamento decidisse pelo *impeachment* de Suman.

A votação, porém, frustrou a expectativa da população. Por 11 votos a 5, o mesmo placar registrado no primeiro pedido de *impeachment*, foi decretada a manutenção do prefeito no cargo, Dois vereadores mudaram de posição, um deles o o-autor do relatório, Vargas, que preferiu aderir ao bonde do prefeito. Mas Nego Walter dessa vez não engrossou o coro da maioria e votou pela cassação. Os outros vereadores que defenderam o *impeachment* foram: Professor Anderson, Toninho Salgado, Raphael Vitiello e Waguinho.

Foram esses os nomes que se salvaram em mais uma demonstração de prevaricação política da Câmara. Os vereadores estavam se esquivando de realizar o julgamento político do prefeito, como era de seu dever. Embora isso não seja crime previsto na lei, é uma conduta que demonstrava a fraqueza do papel fiscalizador desses vereadores, que assim permitiam que o prefeito, mesmo sob quebra de decoro e indignidade, continuasse no poder.

Houve mais uma vez momentos constrangedores. Peitola chegou a dizer que a população apoiava o prefeito, mesmo diante de tantas evidências da falta de decoro, o que irritou a plateia. "Vendidos", gritou um cidadão que ouvia o discurso inflamado do relator.

Terminava assim, sob protestos, mais um capítulo vergonhoso da história recente da política do Guarujá. Mas esse episódio recente, e já de triste memória, não é o ponto final dessa história.

Entramos com ação popular anulatória da sessão da Câmara que julgou o *impeachment*, por ofensa aos princípios da administração pública. Além disso, abrimos junto ao Ministério Público uma denúncia por improbidade administrativa.

Estamos seguros de que o *impeachment* do prefeito – e também do Presidente da República – são medidas duras, mas plenamente justificáveis, conforme verificaremos na próxima parte deste livro.

A luta está apenas começando!

PARTE 2

IMPEACHMENT E DEMOCRACIA

O Guarujá no mapa hediondo da corrupção

A deterioração do decoro do cargo maior do Executivo municipal no Guarujá não é um fato isolado. Na Baixada Santista, outros episódios relativamente recentes de afastamento de prefeitos por suspeitas de corrupção ou favorecimento pessoal foram registrados. Em 2018, o então prefeito eleito de Mongaguá, Artur Prócida, deixou o cargo ao ser preso por lavagem de dinheiro. Outras cidades de São Paulo também conviveram com processos de *impeachment* de seus prefeitos nos últimos quatro anos e, em algumas delas, como Biritiba Mirim e Ferraz de Vasconcelos, o chefe do Executivo foi efetivamente afastado.

Esse quadro recorrente de desqualificação dos gestores municipais pode causar desânimo na população. É certamente um estímulo para a visão perniciosa de que "político não presta e é tudo igual". Mas nós não podemos cair nessa armadilha. Devemos resistir a esse desânimo com a política. A resposta ao caos administrativo da cidade é política. Ao desencanto, a esperança.

Além da luta contra a corrupção, o *impeachment* do prefeito traz ao centro do debate a defesa da democracia. É, portanto, um movimento maior do que o desapontamento coletivo ou a inicial indignação.

Segundo a cartilha "O combate à corrupção nas prefeituras do Brasil" (Trevisan, Antônio e José Chizzotti, Ianhez, Verillo, 2003), a corrupção é um dos grandes males que afetam o poder público, principalmente o municipal, podendo ser apontada como "uma das causas decisivas da pobreza das cidades e do país". Para os autores, "a corrupção corrói a dignidade do cidadão, contamina os indivíduos, deteriora o convívio social, arruína os serviços públicos e compromete a vida das gerações atuais e futuras (...). Os efeitos da corrupção são perceptíveis na carência de verbas para obras públicas e para a manutenção dos serviços da cidade, o que dificulta a circulação de recursos e a geração de empregos e riquezas".

Há caminhos legais para o povo se defender quando existe comprovadamente um ambiente marcado pela corrupção na gestão pública. O *impeachment* é um deles.

Sobre a fundamentação do impeachment

O processo de *impeachment* tem como origem a tradição política inglesa, mas remonta aos tempos da Grécia Antiga. O primeiro *impeachment* conduzido por via legais a ser registrado foi o do lorde Latimer pelo parlamento inglês, em 1376. Modernamente, há casos emblemáticos, como o quase *impeachment* do presidente norte-americano Richard Nixon, na década de 1970. Antes de sofrer o afastamento, em virtude do escândalo Watergate, Nixon renunciou ao cargo. No Brasil, mesmo com história de instituições democráticas bem mais recente do que a Grã-Bretanha, tivemos dois casos de *impeachment* do Presidente da República em uma única geração.

O pedido de *impeachment* é um instrumento democrático, previsto na Constituição, conforme esclarece a ex-desembargadora e professora Elaine Harzheim Macedo, em artigo publicado na revista Resenha Eleitoral (2021):

"No caso do processo de *impeachment* de Prefeito Municipal, como o do Guarujá, trata-se de instrumento legítimo da democracia, sendo regulado pelo Decreto-Lei n° 201/1967, voltado a apurar infrações político-administrativas, cuja competência para processamento e julgamento é da Câmara de Vereadores. Como instrumento de controle da responsabilidade política-administrativa do Chefe do Executivo Municipal, cujo mandato é obtido por decisão política dos eleitores, também está sujeito a eventual abuso de poder, quando instaurado e processado com desvio de finalidade. Este controle externo, exercido pelo Poder Judiciário, configura a chamada judicialização do *impeachment*, limitando-se ao exame da observância do devido processo legal desde a apresentação da denúncia, mas não interferindo no julgamento do *impeachment*."

O professor Rafael Mafei Queiroz escreve em artigo que o *impeachment* se justifica quando há duas situações concomitantes: a) quando uma autoridade abusa "de seus poderes de modo grave, trazendo perigo à integridade de instituições essenciais à democracia (os demais Poderes, a imprensa, as organizações da sociedade civil etc.)"; e b) quando esses abusos de poder "não podem ser contidos de maneira eficaz por meio dos mecanismos ordinários de freios e contrapesos constitucionais, como ações judiciais ou decretos legislativos".

Os dois pedidos de *impeachment* no Guarujá foram fundamentados na quebra de decoro no exercício da função pública. Além disso, não podemos esquecer de um ponto fundamental: os fatos que justificaram a solicitação do afastamento do prefeito pelas vias legais foram mais um caso de afronta à saúde na pandemia. Dinheiro que deveria ser utilizado no combate à Covid-19 foi desviado por uma organização criminosa que visava apenas benefícios pessoais para si própria, bem como a consolidação de uma espúria rede de apoio aos atos condenáveis do prefeito.

O desapreço à saúde pública também está na origem de outra iniciativa de *impeachment* movida no país nos últimos meses: o afastamento do próprio atual Presidente da República, Jair Bolsonaro.

Nesse contexto, fui autor de uma das primeiras denúncias contra o homem que negou vacina a milhões de pessoas e pode ter causado com esse gesto a morte de quase 700 mil brasileiros. É o que conto nas próximas páginas.

Uma ruína chamada Bolsonaro

Estima-se que pelo menos 38 milhões de pessoas tenham contraído a Covid-19 no Brasil. Em março de 2020, enquanto o mundo se mobilizava para enfrentar a maior ameaça à saúde pública dos últimos cem anos, e o isolamento se tornava mandatório, o presidente Bolsonaro chamava a doença de "gripezinha" e estimava, criminosa e irresponsavelmente, que apenas um punhado de pessoas iriam morrer. Negou-se a adquirir a vacina quando teve oportunidade, atrasando o calendário de combate efetivo à proliferação do vírus. Reagiu com animosidade às iniciativas de governadores e de seu próprio ministro da Saúde, que defendiam medidas mais contundentes contra a pandemia. Quando foi necessário tomar providências urgentes diante da escalada da doença, omitiu- se. Por fim, defendeu o uso de medicamentos condenados pela comunidade médica e nunca admitiu que a vacina era eficaz. Nem mesmo o exemplo que se espera de um chefe de Estado veio de sua abominável pessoa: disse repetidas vezes que não iria se vacinar.

Diga-se com propriedade que o comportamento de Bolsonaro não surpreende quem acompanha minimamente o desempenho do Congresso nos últimos anos. Como parlamentar, ele sempre demonstrou a falta de descompromisso com questões humanitárias, traço comum a vários genocidas.

Igualmente previsível é seu comportamento nos dias atuais, em que nega ter qualquer responsabilidade sobre as mortes que se abateram entre milhares de famílias nos últimos dois anos. Mas a memória daqueles que viram entes queridos perecerem ou que convivem com sequelas da Covid 19 não será facilmente apagada.

Também engrossei as estatísticas de brasileiros que contraíram o novo coronavírus. Passei o final de 2020 internado com a doença. Isolado no hospital, olhando em retrospectiva para o que tinha vivido naquele ano, entre erros e acertos, havia pelo menos uma iniciativa da qual podia me orgulhar: fui dos primeiros a entrar com o pedido de *impeachment* de Bolsonaro, tanto no âmbito internacional quanto no cenário interno.

Assim como ocorre no *impeachment* do prefeito, ao cidadão é concedido por lei o direito de entrar na Justiça com um pedido de afastamento do Presidente. Foi o que fiz logo no primeiro mês de isolamento (março de 2020). Por incrível que pareça, em um espaço de 15 dias, já havia elementos em abundância para afastar Bolsonaro da condução dos rumos do país em um momento tão delicado. O tempo mostrou que tínhamos razão. Em janeiro de 2021, formulamos junto ao Congresso novo pedido de *impeachment* do presidente, dessa vez exclusivamente motivado pela sua conduta na pandemia. Ele prosseguira agindo de forma premeditada, articulada e consciente para agravar a crise sanitária. Em nossa argumentação pelo *impeachment*, defendíamos que não era possível permitir que Bolsonaro continuasse crimes diários contra a saúde pública e a democracia.

Em maio de 2021, já tendo o deputado Arthur Lira como presidente da Câmara dos Deputados, entramos com mais um pedido de *impeachment*, robustecido e alimentado com novas demonstrações de falta de decoro por parte do líder do Executivo. E, finalmente, no mês seguinte, um terceiro pedido foi protocolado no Congresso.

Não estive sozinho nessa empreitada. Antes mesmo da pandemia, a falta de decoro de Bolsonaro já havia motivado outros pedidos de *impeachment*. O fato é que, em julho de 2021, havia 123 pedidos de *impeachment* do presidente aguardando análise na Câmara. Ao todo, 1556 pessoas e mais de 550 organizações haviam assinado esses documentos.

A estimativa é que a cada nove dias um novo pedido do gênero seja protocolado.

Infelizmente, a depender de Lira (apoiador de Bolsonaro nas eleições de 2022) e do procurador-geral da República, Augusto Aras, nenhum processo de *impeachment* sairá da gaveta. Na Procuradoria, há mais uma centena de pedidos de investigação ignorados.

Ao contrário da PGR, o Tribunal Internacional de Haia não será tão condolente assim com Bolsonaro. Para especialistas brasileiros que atuaram nessa corte, há elementos suficientes para condená-lo por crimes contra a comunidade, em função de sua desastrosa atitude diante da pandemia. Ele colocou a população brasileira, que devia proteger, na posição de cobaia de tratamentos contra a Covid que já haviam sido considerados inócuos pela comunidade médica internacional.

Haia recebeu uma série de denúncias contra o presidente brasileiro, inclusive a nossa. Fui dos primeiros a focalizar no enquadramento de Bolsonaro como responsável por genocídio, uma vez que o presidente estava causando, com suas condutas, mortes injustificáveis.

O Tribunal Penal Internacional (TPI) faz parte da ONU e julga, de forma permanente e em última instância, conflitos internacionais e crimes contra a humanidade. É uma corte referendada por mais de 100 países. E não me limitei à representação do Tribunal de Haia. Encaminhei também ao escritório do Alto Comissariado para os Direitos Humanos da ONU um requerimento de inquérito sobre o comportamento do presidente brasileiro. A mesma denúncia foi enviada à Comissão Interamericana de Direitos Humanos.

Outra medida foi endereçar informações sobre a conduta de Bolsonaro à organização não-governamental Human Rights Watch, pleiteando que esta também se some aos esforços de pressão para que o governo brasileiro cesse sua postura de violação aos direitos humanos.

O pedido encaminhado à ONU e à Comissão Interamericana relatava que o presidente negligencia precauções contra o novo coronavírus e ofende os princípios consagrados pela Declaração Universal dos Direitos Humanos e tratados internacionais, como a Convenção dos Direitos Econômicos, Sociais e Culturais e a Convenção dos Direitos das Pessoas com Deficiência.

Minha iniciativa de levar ao mundo uma representação contra Bolsonaro, em setembro de 2020, foi motivada pela necessidade de se estabelecer um debate para além de nossas fronteiras sobre as barbaridades do presidente. E ele não tem "decepcionado" desde aquela data, fornecendo ainda mais motivos para a execração global: foi à Assembleia Geral da ONU em setembro de 2021 e cometeu um dos discursos mais vexatórios já proferidos por um mandatário brasileiro. Para horror da comunidade política e científica internacional, e sem se importar com o desagrado da platéia, defendeu na ocasião, mais uma vez, tratamentos "precoces" e sem eficácia contra a Covid.

PARTE 3

IMPEACHMENT: O DIA SEGUINTE

A recuperação do protagonismo

O ano de 2022 não será apenas lembrado pelo bicentenário da Independência. Será também um ano emblemático para a democracia e o desenvolvimento econômico e social. Teremos a mais importante eleição de todos os tempos da nossa República, e as discussões sobre o modelo de país que desejamos para os próximos anos já estão acaloradas.

Diante dessa perspectiva, o atual cenário político da Baixada Santista é desolador. O arquivamento dos dois pedidos de *impeachment* no Guarujá, ignorando contundentes evidências de irregularidades na gestão de Válter Suman, é mais um triste capítulo da recente história da política na Baixada Santista. De escândalos como o das investigações e prisão do prefeito à falta de representatividade no Congresso Nacional, nunca a paisagem foi tão árida em termos de atuação política em favor do desenvolvimento regional.

Não por acaso estamos perdendo a relevância no cenário econômico, algo que o litoral paulista sempre possuiu em outros tempos. A Petrobras, por exemplo, abandonou a região. A inépcia e a incompetência das lideranças que estiveram no poder nos últimos anos reverberam em Brasília e nos centros de decisão de futuros investimentos.

Apesar da proximidade geográfica de nove municípios importantes, do compartilhamento do porto, da intercambialidade entre pessoas trabalhando entre as cidades, seguimos sem os dividendos oriundos de todo esse potencial que a Baixada oferece. Estamos deixando a onda do crescimento escapar, de maneira passiva, ao sabor da brisa do Atlântico.

Com sua importância econômica e estratégica, seu porto e enorme diversidade ambiental a ser preservada, a Baixada Santista já exerceu um forte protagonismo em outras épocas. Hoje, é uma região que carece de lideranças e de políticas públicas que venham lhe proporcionar desenvolvimento e bem-estar à população.

Infelizmente, nossa região metropolitana – formada pelos municípios de Bertioga, Cubatão, Guarujá, Itanhaém, Mongaguá, Peruíbe, Praia Grande, São Vicente e Santos – padece dos males atuais do país, inclusive no que se refere a discussões sobre sustentabilidade.

A Baixada Santista tem enorme potencial para o desenvolvimento de um polo tecnológico. Com uma política pública consistente, teríamos o cenário propício para a geração de renda e aperfeiçoamento profissional continuado.

Outras medidas nesse sentido podem surgir a partir da articulação e do diálogo entre as autoridades e entidades representativas da sociedade civil. Um planejamento estratégico que abranja toda a região emerge como desafio.

A atuação conjunta entre os nove municípios é determinante para o desenho e a implementação em rede de importantes políticas públicas, visando não somente a solução de inúmeros problemas regionais, bem como contribuir para a conformação do espaço metropolitano.

Precisamos fomentar o diálogo regional em torno de questões como mobilidade urbana, integração entre modais, turismo, habitação, verticalização urbana e segurança pública.

Precisamos, enfim, recuperar nosso protagonismo político e a autonomia que sempre tivemos.

Com seu potencial econômico e turístico, a Baixada Santista merece um futuro melhor.

Nos próximos capítulos, tento dar uma sincera contribuição ao debate sobre esse futuro, com análises e propostas para enfrentar os grandes desafios da Baixada.

Porto de Santos, questão de soberania e desenvolvimento

Um país estagnado, que se exime de um projeto nacional de desenvolvimento e prefere entregar de bandeja o patrimônio público para a iniciativa privada. Esse é o retrato do Brasil atual. Exemplo dessa gestão estreita é a propalada privatização do Porto de Santos.

As últimas notícias dão conta de que o Governo Federal, nos estertores da deplorável gestão Bolsonaro/Guedes, pretende avançar na privatização do Porto. A expectativa do governo é realizar o leilão ainda em 2022. A proposta original previa um período de concessão de 35 anos, com mais cinco prorrogáveis. O plano seria vender a participação federal e realizar uma concessão para a administração do serviço portuário. Mas já se admite em Brasília mudar as regras do jogo, mais uma vez de forma irresponsável. Seja qual for o modelo, não há esperança de que ele seja apropriado para garantir que o porto esteja a serviço de um projeto que mantenha as rédeas do desenvolvimento regional e nacional, a partir desse importante vetor econômico. Em resumo, vamos abdicar da soberania sobre o porto. É como deixar de ter controle sobre a Marinha, a autoridade aduaneira.

Longe de imaginar que seja lograda essa iniciativa num momento de tamanho descrédito do atual governo, é necessário lembrar que o maior porto da América Latina tem um peso fundamental, que transcende a região da Baixada, como símbolo de uma soberania que precisa ser resgatada.

O Porto de Santos é um dos mais importantes e estratégicos ativos do país. A área de influência econômica do porto engloba mais de 50% do PIB do Brasil e 49% da produção nacional. Declinar de seu controle é dizer "amém" à falta de protagonismo econômico e político. Seria mais prático recriar as capitanias hereditárias.

O argumento utilizado para justificar essa dilapidação do patrimônio público é o mesmo que sustenta a onda privatista da equipe de Jair Bolsonaro: o Estado não tem recursos para fazer os investimentos necessários para ampliar e modernizar a infraestrutura. Mas isso não é verdade. Os recursos existem, faltam competência e vontade política para executá-los. O porto de Santos possui recursos bilionários em caixa e não consegue investir, por questões burocráticas.

A privatização bolsonarista nem mesmo é original. As desestatizações previstas para os portos brasileiros têm inspiração e seguem as principais características do processo de privatização em vigor na Austrália, que nada tem de exemplar. De início, adota uma política de monopólio de preços, com real restrição ao princípio da livre concorrência, que decorre do poder de mercado dos consórcios de autoridades portuárias. Além disso, a privatização australiana induz à absoluta incerteza de futuros investimentos em ampliação e modernização dos portos. Outros pontos críticos são: a fiscalização regulatória governamental limitada por contrato; e a elevação dos conflitos de interesses entre todos os atores envolvidos (acionistas, armadores, transportadores ferroviários e rodoviários, operadores de terminais, trabalhadores portuários e comunidade circunvizinha ao porto). Destaca-se ainda a absoluta concentração dos armadores, constituídos por apenas três alianças que sobrepujam no transporte marítimo global (2M, Ocean Alliance e The Alliance). Devido a suas economias de escala, esses armadores elevaram consideravelmente o poder de barganha nas negociações com as autoridades portuárias.

No Brasil, a desestatização não aumenta o volume operado nos portos, e haverá redução nas oportunidades de emprego, tanto para os trabalhadores que já estão atuando, quanto para novas contratações. As justificativas de que os portos acumulam prejuízos devido à pouca eficiência e capacidade gerencial são meras cortinas de fumaça para acelerar uma desestatização pouco transparente e nada participativa; ao contrário, absolutamente impositiva. Os efeitos deste desastre podem ser irreversíveis e muito danosos ao país, vez que o Porto de Santos responde por 30% da balança comercial brasileira.

O viés da proposta é engano e visa confundir a população, ao propor, mas sem se comprometer, que o processo procederá investimentos bilionários, engendrará novos negócios e irá gerar empregos aos milhares. Não menos falaciosa é a esperada ampliação da eficiência e redução de custos, quando o que se percebe é que a privatização vai tão- somente concentrar as decisões em um ente privado, que terá alçada para regular interesses entre o setor público e agentes portuários. A administradora privada terá excessiva liberdade para impor aumentos tarifários, mudanças de infraestrutura e de regulamentos, e tudo de forma unilateral.

A proposta de privatização propaga a mentira de que resultaria em investimentos bilionários, atrairia novos negócios e iria gerar milhares de empregos, assim como a esperada ampliação da eficiência e redução de custos. Mas na realidade a privatização da Autoridade Portuária vai concentrar as decisões em um ente privado, que terá poder de regular interesses diversos entre o setor público e outros agentes privados no condomínio portuário. E essa nova administradora privada poderá ter uma excessiva liberdade para impor condições contratuais, reajustes tarifários, mudanças de infraestrutura e de regulamentos, muito provavelmente de forma unilateral. Como dissemos acima, a inspiração dessa ideia criminosa, que abala frontalmente a soberania nacional, veio do que foi feito na Austrália.

Vale, portanto, olhar o que dizem os dados da Austrália daquele país: a partir de janeiro de 2020, o terminal de contêiner Victorian International aumentou em 143% suas tarifas para embarcar contêineres totalmente carregados (FLC), no porto de Melbourne, enquanto as taxas de confirmação de reserva por contêiner aumentaram três vezes, e as taxas de registro no Sistema de Reservas de Veículos aumentaram quatro vezes. As demais taxas tiveram aumentos semelhantes. As taxas de acesso ao terminal na Austrália eram em 2016 de apenas de US$ 3,57 por contêiner, mas em 2020 aumentou quarenta vezes. Já o tempo de carga e descarga dos caminhões no porto saíram de 29,3 minutos em média para 51,5 minutos no porto de Melbourne.

Lá, os contratos firmados nas privatizações limitam o poder de interferência do governo no setor A média de taxa de infraestrutura cobrada pelos operadores aumentou incríveis 4.189%. Isso prejudicou a cadeia de suprimentos terrestres e os operadores de frete rodoviário e para o porto. E lá também os operadores portuários devem contratar trabalhadores vinculados aos Ogmos (instituições de utilidade pública que atuam no treinamento e qualificação de profissionais portuários) de forma exclusiva. Uma decisão do TST (Tribunal Superior do Trabalho) do fim do ano passado tornou essa regra ainda mais restritiva.

Em vez de centrar esforços na privatização, o governo brasileiro deveria alterar a Lei das Estatais, que traz a mesma lógica da lei de contratação pública e não proporcionou até aqui grandes avanços. No fim das contas, o resultado não é satisfatório. A legislação está engessando o investimento público.

Se comparado ao modelo de contratação privada, a diferença é abissal. Como exemplo, podemos citar o caso do TUP (terminal de uso privado) da empresa DPW, em Santos, que, num espaço curto de tomada de decisão e execução de investimentos (dois anos), conseguiu colocar de pé uma obra de R$ 700 milhões.

Para um porto público, essa agilidade é hoje absolutamente impossível. Em dois, consegue-se apenas a assinar o contrato, em casos excepcionais, sem judicialização ou impugnação. Dessa forma, Santos vive um paradoxo: tem um excelente caixa e, ao mesmo tempo, grandes obrigações e necessidade de investimentos, as quais não consegue implementar por conta do regime anacrônico de contratação.

Desatar o nó exigiria empenho e planejamento do governo, particularmente do Ministério da Infraestrutura, mas essas são verdades que eles preferem ignorar – principalmente agora, em plena campanha eleitoral.

A privatização do Porto de Santos pode atender a muitos interesses, como o do cofre de um governo inoperante como o atual, ou talvez até o caixa da campanha de reeleição. Mas em nada interessa à nação, aos cidadãos brasileiros que, com esta privatização, vão, numa colocação a mais leiga e direta possível, pagar a mais pelo que entrar pelo porto e, por outro lado, os produtores e as empresas brasileiras vão ter de receber menos pelo que venderem lá fora, para compensar o maior custo de transporte.

Para a Baixada Santista, será mais um duro golpe. A recuperação do porto exerceria uma influência primordial na recuperação da Baixada. Mas, ao que tudo indica, se a população não reagir, as decisões sobre o futuro do porto ficarão a cargo das empresas que o arrematarem em leilão.

Sem tradição logística, o Brasil padece pelo desconhecimento, por grande parte da população, das razões do elevado custo de se viver no país. O setor portuário é ainda menos notado pelos brasileiros. O Porto de Santos, que deveria ser um orgulho nacional, muitas vezes aparece em notícias de cunho político ou em textos técnicos com dados não compreensíveis pela maioria. É preciso reapresentar o Porto de Santos ao país.

Por outro lado, vale destacar que, apesar dos frequentes anúncios de investimentos no setor de infraestrutura de transportes – rodoviário, ferroviário, portuário e em aeroportos -, os brasileiros não desfrutam, na mesma proporção das divulgações, dos efeitos propagandeados, convivendo com alto custo de vida, proporcionado, também, pela baixa qualidade logística e estrutural, composta por rodovias em condições degradantes, pouca densidade ferroviária, hidrovias abandonadas e planejamentos com projeções imprecisas ou não comprovadas.

É urgente para o país encontrar um caminho ideal que possa contribuir na redução dos custos logísticos do escoamento da produção, ao mesmo tempo em que incentiva a industrialização.

Uma logística sustentável poderá oferecer tarifas menores, tanto para grandes quanto para médios e pequenos produtores, bem como para as empresas transportadoras de cargas (sobre logística e aspectos econômicos do porto, me detenho um pouco mais no próximo capítulo).

É preciso, enfim, que o assunto seja amplamente discutido, sem afoiteza, com toda a transparência possível. O debate precisa pautar o processo e evitar que o bem comum seja prejudicado.

Precisamos de um porto vibrante, com o melhor serviço e menor tarifa, sob o controle e incentivo do Estado, que não deveria almejar lucro, mas sim a expansão econômica advinda da competitividade das empresas, com mais emprego e melhores salários.

A importância estratégica do porto

Embora São Paulo ocupe apenas 3% do território brasileiro, com mais de 40 milhões de habitantes, o estado, além de ser o mais populoso, é o mais desenvolvido do continente sul-americano. O Produto Interno Bruto (PIB) chega a R$ 2,38 trilhões (Seade, 2020), superando a soma da produção países da América Latina, entre eles Argentina e Chile. Isso significa que o estado paulista concentra mais de 65% do PIB do país.

Esses grandes números também são explicados pelo fato de o estado abrigar, em um de seus municípios, o Porto de Santos, por onde passam mais de 50% do PIB do Brasil e 49% da produção nacional, cerca de 26,5% do comércio internacional. Vinculado ao Governo Federal, por meio da autoridade portuária, o cais santista é um dos pilares da infraestrutura nacional, por movimentar mercadorias de todo o país, por meio exportações e importações.

O porto fica a menos de 200 km da maior área do parque industrial de São Paulo, dos maiores complexos industriais e comerciais, bem como o centro financeiro e de consumo da América do Sul. Ao todo, são 55 terminais marítimos e retroportuários, sobre uma área de 7,8 milhões de metros quadrados, com quase 35 mil trabalhadores, segundo a página da Santos Port Authority (SPA).

Movimentação – Em 2021, a e movimentação de cargas no Porto alcançou 147 milhões de toneladas (+ 0,3%). Os aumentos na movimentação de contêineres, soja e fertilizantes foram determinantes para esse resultado. As cargas de importação superaram ainda mais, com o aumento de 10,4%, quase 44 milhões de toneladas. Justificada pela pandemia, houve uma redução nas exportações de 3,5% - 103,1 milhões de toneladas. Já as cargas conteinerizadas demonstraram crescimento significativo de 14,2%, com a movimentação de 4,8 milhões de TEUs.

"Navio bomba" – Apesar de o Porto do Santos possuir forte vocação industrial, para expandir a movimentação de produtos de alto valor agregado, as atividades portuárias do cais santistas têm sido dominadas por commodities do agronegócio – como soja, milho e fertilizantes. Sem gestão logística e com infraestrutura de transporte precária, o brasileiro paga caro para manter o pouco que recebe, em relação às estradas, ferrovias, portos e aeroportos.

O cenário em Santos se agrava em uma direção ainda mais perigosa: risco de morte de milhares. Entre a ilha de Barnabé e Alemoa fica atracado o chamado "navio-bomba", um navio tanque em constante iminência de explosão. Especialistas apontam que a embarcação possui o potencial explosivo equivalente a 55 mais do que o ocorrido na cidade Hiroshima, no Japão.

Outra questão de extrema gravidade, vinculada à logística, está no planejamento de expansão das atividades de fertilizantes na região na margem esquerda do Porto. A área, onde está localizado o município de Guarujá, já possui terminais que operam produtos perigosos, a granel ou em contêineres. Mas ainda não foram tornados públicos Estudos de Análise de Risco, Planos de Gerenciamento de Riscos e de Ação de Emergências.

A decisão oficializada pelo Plano de Desenvolvimento e Zoneamento (PDZ) do Porto de Santos, pelo Ministério da Infraestrutura, em 2020, pretende dar à iniciativa privada, sem antes consultar os munícipes, ou apresentar estudo apropriado, a responsabilidade pelo transporte – especialmente o ferroviário-, e armazenamento do insumo (fertilizantes), cujas propriedades apresentam ameaça constante ao meio ambiente, à qualidade sanitária da região e também potencialidades explosivas, devido à presença do nitrato de amônio em sua composição, a mesma substância que causou a explosão na região portuária de Beirute, capital do Líbano, em agosto de 2021.

Projetos parados também são preocupações que já consomem anos da população: há 10 anos, está pendente a construção de um túnel entre Santos e Guarujá para a revitalizar a margem esquerda do porto. Assim como a dragagem do canal, parada há dois meses. O abandono da margem esquerda influencia diretamente na perda de eficiência do porto.

Arco Norte – a seleção deste caminho logístico pode ser justificada, em razão, por exemplo, da localização geoestratégica dos portos do Arco Norte. Entre os mais recentes estudos sobre o tema, intitulado "Os desafios da logística real no universo virtual", apresentado em 2020, durante a XI Fateclog, tradicional evento sobre logística de São Paulo, os portos da região Norte poderiam diminuir cerca de uma semana o tempo de viagem, ao comparado com os outros portos das regiões Sudeste e Sul do Brasil, favorecendo a competitividade das produções movimentadas via Arco Norte.

Geograficamente, os portos nortistas estão mais próximos dos mercados internacionais, sendo a primeira entrada e a principal saída de produtos e insumos negociados junto ao mercado asiático, que utiliza o Canal do Panamá, bem próximo ao Arco Norte.

No estudo, foi estimado que, com investimentos para melhoria nos portos do Norte, em dois anos, os custos dos fretes poderiam cair em 30%, em relação aos transportes dentro do país. Outro benefício, seria a redução do acúmulo de cargas rodoviárias nos portos do Sudeste, como Santos e Paranaguá, arrefecendo a poluição e contribuindo para ganho de qualidade de vida e bem-estar da população.

Por onde começar? – Entre 2010 e 2020, os portos localizados na região Norte do Brasil, no chamado Arco Norte - Barcarena (PA), Santarém (PA), Manaus (AM), Santana (AP) e São Luís (MA)-, apresentaram um crescimento superior a 100% nas movimentações dos principais produtos do agronegócio nacional (soja e milho), indo de 19% a 46% na participação das exportações dos grãos, ao longo do período.

Já os outros portos nacionais, incluindo o Porto de Santos (São Paulo), maior do país e de todo o Hemisfério Sul, lidou com uma queda global de quase 34%, diminuindo de 80,4% de toda a movimentação dos grãos, para 53%.

Gráfico 1 - ANTAQ

E quem produz? – Atualmente, o Mato Grosso está em primeiro lugar na produção nacional de soja e milho, além de deter maior rebanho do país. A produção de soja no estado chega a R$ 97,5 bilhões. O milho, a segunda maior plantação, o valor estimado de R$ 39,5 bilhões.

Gráfico 2 – Ministério da Agricultura (em milhões)

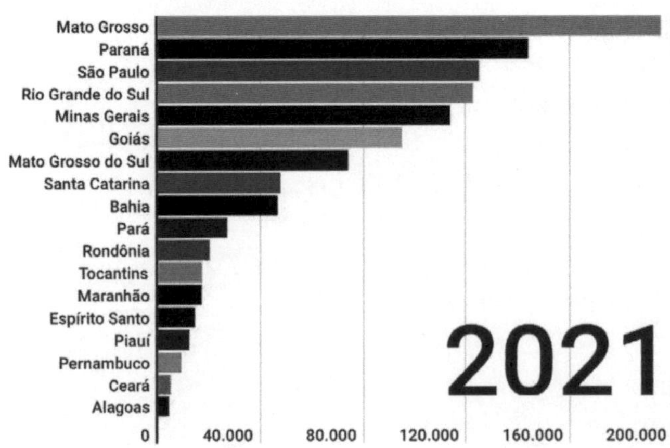

No passado, São Paulo chegou a liderar esse ranking, mas hoje está apenas na terceira colocação, com a produção de cana-de-açúcar, no valor R$ 40 bilhões. Em seguida, as outras atividades produtivas, relativas a criação de bovinos (R$ 17,7 bilhões), frango (R$ 12,1 bilhões) e soja (R$ 11,2 bilhões), além de ocupar a quinta colocação como produtor de laranja do Brasil.

Fertilizantes – Tanto em Santos, como no Arco Norte, para além da movimentação de exportação de grãos (milho e soja), os fertilizantes ganham cada vez mais espaço, cuja importação vem sendo enfatizada como uma das operações em franca expansão no mercado nacional. No ano passado, de acordo com a Companhia Nacional de Abastecimento (Conab), o Porto de Santos aumentou, sozinho, a entrada de fertilizantes com destino a estados do Sudeste e Centro-Oeste, como Mato Grosso, de 6,6 milhões de toneladas para 10,1 milhões de toneladas – mais de 40%.

Nos portos que integram o Arco Norte, os volumes de fertilizantes recebidos em 2021 já representam 29% do total importado para atendimento do estado do Mato Grosso, maior produtor do agronegócio do Brasil. O aumento está vinculado ao fato de os produtores rurais procurarem, constantemente, alternativas para diminuir o custo logístico do setor. Por isso, os produtores mato-grossenses têm ampliado a utilização do eixo logístico via Arco Norte, para diminuir os impactos gerados pelo alto custo do frete dos fertilizantes.

Fretes – Ocorre que, segundo a Agência Nacional de Transporte Terrestre (ANTT), a maior parte dos insumos ainda são transportados pelo modal rodoviário, por mais de 2000 km entre os portos de Santos e Paranaguá até a maior região produtora, encarecendo o custo logístico, com a aumento de valores do frete e do fluxo de caminhões pelas rodovias. Segundo o Ministério da Agricultura, o Mato Grosso recebeu mais de 8 milhões de toneladas de fertilizantes importados, em 2021, representando 19% do total de 41,6 milhões de toneladas consumidas em todo o país, em um número recorde, conforme registrado pela Conab, no último ano.

Logística para fertilizantes – Devido a maior participação dos portos do Arco Norte na exportação de grãos (milho e soja), naturalmente foi ampliada a movimentação de fertilizantes pelos portos da região, para atender aos estados que integram o Matopiba (Maranhão, Tocantins, Piauí e Bahia) e Mato Grosso.

O "fenômeno" logístico decorre da utilização racional da modalidade de frete de retorno, para otimização logística e, consequentemente, diminuição do custo: "Ou seja, movimenta-se em direção aos portos com os grãos e retorna para as regiões produtoras com os fertilizantes. Isso torna evidente a importância de se continuar com os investimentos na região do Arco Norte e nos sistemas de transportes para essas rotas, não somente visando a exportação dos grãos, mas, também, nas importações dos insumos, completando o atendimento logístico da cadeia produtiva como um todo, aumentando a competitividade nacional", explicou o superintendente de Logística Operacional da Conab, Thomé Guth.

Em 2021, o agronegócio brasileiro foi responsável por 40,6% das vendas externas do país. Em valores monetários, isso significa a exportação de US$ 120,59 bilhões. Mas, logo no início de 2022, o setor, visto como um dos alicerces do PIB nacional, estremeceu diante da guerra entre a Rússia e a Ucrânia, em razão dos temores em relação ao impacto nas cadeias de comercialização globais de fertilizantes, insumo vital para a agricultura brasileira, destacando que 85% dos adubos consumidos pelo agronegócio nacional vêm da importação.

Sustentabilidade – Enquanto os Estados Unidos possuem cerca de 150m/km2 de ferrovia, o Brasil, o Brasil possui dez vez menos: 15 m/km2 . Isso equivale a 29 mil quilômetros de estradas de ferro, sendo que 10 mil já estavam prontos desde a época do Império. Outra preocupação de tão poucos quilômetros para o tráfego de tens, está a alta concentração de trechos ferroviários no Sudeste do país. São cerca de 47% de toda a malha nacional, embora as regiões mais relevantes para a produção do agronegócio, como já destacado, estão nas regiões Norte e Centro Oeste do país, que possuem apenas 8% da linha ferroviária nacional. Os 45% ficam distribuídos pelo Nordeste e Sul do país.

Os dados podem ser conferidos no site da ANTT, onde também é possível conferir que a empresa Rumo Logística administra a maior parte das ferrovias, com o maior número de concessões. A linha da Rumo perpassa pelas regiões Sul, Sudeste e Norte com mais de 12 mil quilômetros de extensão, mais de 40% das linhas férreas nacionais.

Vale destacar que ramos do agronegócio e da indústria, presentes nos estados de São Paulo, Minas Gerais, Bahia e Paraná, por se destacarem na produção de importantes insumos para a economia nacional, como minérios, grãos, gado, café, algodão, entre outros, até poderiam justificar parte da alta densidade das linhas férreas nas regiões Sul, Sudeste e Nordeste, além de maior facilidade de acesso ao litoral. Porém, na verdade, em todo o Brasil, 61% da produção nacional circula sobre rodas. São os caminhões que são responsáveis pela maior parte da movimentação.

O principal modo de transporte para a movimentação de produtos possui 109 quilômetros de vias pavimentadas. Contudo, quase 62% as rodovias (federais e estaduais), foram avaliadas pela Confederação Nacional de Transporte (CNT), em 2021, entre regular, ruim ou péssima, incluindo as concedidas.

Tudo isso não só aumenta o custo logístico, como também desfavorece o meio ambiente, com o uso de combustíveis fósseis e grande despejo de gás carbônico (CO2) na atmosfera, com o grande fluxo de caminhões nas estradas. Aparentemente, a tradição logística nacional não possui aderência à sustentabilidade. No último estudo feito sobre o tema, pelo Sistema de Estimativas de Emissões de Gases de Efeito Estufa e divulgados pelo Observatório do Clima, em 2018, foram 84,5 milhões de toneladas de CO2 emitidos para atmosfera em apenas um ano, maior que o volume emitido por todas as termelétricas fósseis em operação no país. Ainda segundo o Observatório, alterações inadequadas do uso da terra e agropecuária são responsáveis por 72% dos gases de efeito estufa lançados ao ar no Brasil.

Descaso com o meio ambiente – Em sentido inverso ao das preocupações com a sustentabilidade, o incremento da circulação e armazenamento de fertilizantes no Porto de Santos faz parte do planejamento feito pela atual gestão da autoridade portuária da cidade.

Vinculada à Secretaria Nacional de Portos e Transportes Aquaviários (SNTPA), do Ministério da Infraestrutura, a Santos Port Authority (SPA), nova Companhia Docas do Estado de São Paulo (Codesp), obteve a aprovação de Brasília, de um novo Plano de Desenvolvimento e Zoneamento (PDZ) para área portuária, no qual a concentração de fertilizantes aumentaria para 3 milhões de toneladas, aproximadamente, segunda demanda estimada.

Na esteira das projeções feitas pela SPA para o porto, até 2040, serão mais de 95 milhões de toneladas de granéis sólidos vegetais circulando nas áreas no Paquetá, Outeirinhos e Ponta da Praia. No mesmo período, os granéis líquidos irão para 22,4 milhões de toneladas, 50% a mais.

Celulose é outra commodity com expectativa de aumentar em quase 50%, indo para 10,5 milhões de toneladas ao ano, via. Porto de Santos. O PDZ indica que haveria projetos de novas fábricas de celulose na região de influência do porto paulista, o que deve adicionar mais 4 milhões de toneladas na produção da commodity na região.

Já para os contêineres, o crescimento seria mais acanhado, com previsão do aumento da demanda em 3% ao ano, passando dos atuais 4,4 milhões de TEUs (twenty equialent unity – 20 pés) para 7,9 milhões, ao ano, forçando o aumento da capacidade de 5,3 milhões para 8,7 milhões de TEUs.

Portanto, até 2040, a partir da perspectiva do PDZ, Santos abre-se para os granéis e fertilizantes, com altas projeções, mesmo que a infraestrutura de transporte para movimentação de tudo isso ainda não exista.

Todas as projeções também não foram demonstradas por meio de estudos que confirmem, de forma metodológica, como o MInfra pretende seguir com o planejamento apresentado para o Porto de Santos. O Tribunal de Contas da União (TCU) aguarda os esclarecimentos para que possa identificar que o PDZ não apresentará riscos em sua implementação nas esferas socioeconômica e sanitária.

Há questões que precisam ser aclaradas, em relação ao PDZ em andamento, que poderão afetar não só a região santista, mas impactar a cadeia logística nacional de modo geral.

Pontualmente, na região, é preciso garantir a manutenção da geração de empregos renda, em virtude da ocupação de áreas com armazenamento de fertilizantes e granéis, os quais demandam menor complexidade e concentração de mão-de-obra.

O PDZ também levanta preocupações em nível sanitário, decorrente do acúmulo de produtos com potencial poluidor, capazes de afetar a qualidade de vida e bem-estar da população e, ainda mais preocupante, os riscos de explosão derivados das características de instabilidade das substâncias químicas que compõem os fertilizantes, como o nitrato de amônio – mesma substância que causou a explosão no porto de Beirute, no Líbano, em 2021.

Riscos de segurança e ao meio ambiente

No início deste ano, o desmoronamento de um paredão de um cânion na cidade de Capitólio, Minas Gerais, atingiu uma lancha com turistas e vitimou dez pessoas. O fato chamou a atenção para a situação crítica de muitas regiões da Baixada Santista, afetadas pelo desmatamento, a ocupação desenfreada e desordenada, as mudanças climáticas cada vez mais agressivas e, principalmente, pelo descaso das autoridades competentes em discutir e integrar soluções para o planejamento urbano e ambiental.

Esse descaso leva a situação de graves ameaças à própria integridade física da população e do patrimônio ambiental que a Baixada concentra. Quem não se lembra das explosões no porto de Beirute, em 2020, que praticamente destruíram a cidade e mataram mais de 200 pessoas? Elas foram provocadas por falha no armazenamento de nitrato de amônio, um "velho" conhecido da logística do Porto de Santos. E a possibilidade de reproduzir aqui na Baixada Santista as exatas condições que antecederam aquela tragédia no Líbano não são mera especulação.

Matéria-prima para fertilizantes e com alto tóxico e de combustão, essa substância circula em larga escala em torno do porto. Está em debate, inclusive, a instalação de um terminal para movimentação e armazenagem de granéis sólidos e sulfatos na região de Outeirinhos, Santos, no maior porto do país e da América Latina. A implantação desse equipamento está prevista no Programa de Parcerias de Investimentos (PPI) do governo federal, tendo em seu escopo o contrato de arrendamento para a exploração do terminal por 25 anos.

Antes que uma intervenção dessa magnitude seja concretizada, é preciso avaliar todos os seus perigos e os danos que ela possa vir a causar – o que, nesse caso, representa estragos consideráveis à preservação do meio ambiente e à própria vida da população.

A promessa de empregos e investimentos, como parte de uma estratégia do governo federal de transferir ativos para a iniciativa privada, não pode se sobrepor à sobrevivência humana. É urgente que o assunto seja amplamente discutido, sem postergações, com toda a transparência possível.

Denominado no PPI como terminal STS 53, o projeto está previsto para ocupar uma área no bairro de Outeirinhos, na margem direita do porto. Sua construção está contemplada no Plano de Desenvolvimento e Zoneamento do Porto de Santos (PDZ).

A Agência Nacional de Transportes Aquaviários (Antaq) prorrogou para o dia 16 de dezembro a data limite para receber contribuições, subsídios e sugestões para o aprimoramento dos documentos técnicos e jurídicos, necessários à implantação do terminal.

Pelo plano do Ministério da Infraestrutura, o STS53 vai ocupar a maior parte da área que hoje está sendo utilizada por um terminal de contêineres retroalfandegado da empresa Marimex. No entanto, o local está sendo alvo de disputa na Justiça. A Marimex alega que teria direito à renovação de seu contrato. Tanto o Ministério quanto a SPA (Autoridade Portuária de Santos) negam essa possibilidade.

A Marimex está sustentada por uma decisão do TCU (Tribunal de Contas da União), que se encontra em análise de recurso, apresentado pelo governo. A decisão do TCU é que o governo precisa fazer um contrato de transição com a empresa, o que pode mantê-la na área por período ainda incerto (ao menos até 2025).

Além desse imbróglio, a solução de se criar nessa área um grande terminal para fertilizantes recebeu recentemente a contestação da Frenlogi (Frente Parlamentar Mista de Logística e Infraestrutura). Ciente de que os navios teriam que dividir os berços de atracação da região com embarcações de passageiros, a organização chamou a solução de "intempestiva", uma vez que levaria pelo menos uma década para ficar pronta, sendo necessária uma solução urgente.

A frente parlamentar defende a revisão do projeto do STS53 e também o do STS10, terminal de contêineres que o ministério quer licitar no cais do Saboó, em uma região conhecida como Faixa de Gaza. A sugestão é que essa área abrigue o terminal de fertilizantes, atendendo mais rapidamente à demanda por esse produto que vem dos estados da região Centro-Oeste.

Ainda segundo a Frenlogi, há capacidade ociosa nos terminais de contêineres do porto, não sendo prioridade, portanto, a nova licitação. Porém, o ministério está convencido de que essa capacidade pode se esgotar rapidamente com a ampliação do movimento, especialmente pelas novas operações ferroviárias previstas no porto com esse tipo de carga.

O que certamente se pode dizer a respeito do projeto do governo federal para a região de Outeirinhos é que juntar armazenamento de cargas perigosas com terminal de passageiros seria, no mínimo, uma insanidade.

O armazenamento de substâncias químicas requer inúmeros cuidados de ventilação, sinalização correta, disponibilidade de equipamentos de proteção individual e equipamentos de proteção coletiva, além de uma área administrativa separada da área técnica e armazenagem. As matérias-primas previstas para serem manipuladas no terminal STS 53 são altamente explosivas, podendo reagir violentamente entre si ou mesmo produzir gases tóxicos ou inflamáveis.

A ONG Aguaviva (sobre a qual falarei mais adiante) está entre as entidades que apresentaram agenda propositiva ao Ministério Público Estadual para alertar sobre a ameaça de cargas perigosas no porto de Santos e Guarujá. O objetivo é debater esse novo PDZ aprovado pelo Ministério da Infraestrutura, que prevê a clusterização (concentração) das mercadorias na região. Governos das três esferas, agências reguladoras e a autoridade portuária precisam atentar para as consequências desses projetos e atender às demandas da região e à vontade da população.

Num cenário mais amplo, na esteira dessa discussão está a importância da regulação das atividades por parte do Estado, entendendo a regulação como a capacidade do governo de responder às necessidades por meio de políticas públicas postas em prática. Esse é exatamente o ponto onde o Brasil tem falhado, o que acarreta situações como essa da ampliação do porto de Santos: não existem hoje políticas públicas consistentes, advindas de um amplo debate popular. É fundamental, no caso, considerar toda a importância que o porto representa para a economia do país.

A falta dessa disposição de se traçar políticas amplas de desenvolvimento, ouvindo especialistas e o contraditório, é fruto da irresponsabilidade de um estado privatista, medíocre, com visão de curto prazo.

As consequências dessa ausência de Estado – e de estadistas – poderão ser irreparáveis para a região.

A criação da Aguaviva

Uma das realizações das que mais me orgulho de ter participado nos últimos dois anos foi a criação da ONG Aguaviva. Ela surgiu como uma autêntica resposta da comunidade ao processo de mobilização, conscientização e articulação com diversos setores da sociedade civil que estamos vivendo na Baixada Santista.

Fundada em março de 2021, a Aguaviva é uma associação sem fins econômicos, com sede no Guarujá. Entre seus principais objetivos estão o estímulo ao exercício da cidadania no município, promovendo o cumprimento das leis e valorizando os direitos, responsabilidades e obrigações dos moradores e frequentadores.

A Aguaviva se alinha a outros movimentos democráticos e apartidários do Guarujá e região, como o recém-criado Comitê Popular de Luta da Baixada, para a luta conjunta que esses coletivos empreendem para o fortalecimento da cidadania e o encaminhamento de propostas ao Poder Público que contemplem as demandas e reivindicações da população.

Outra linha de atuação muito consistente é a batalha para que o Guarujá seja reconhecido como cidade que preserva a natureza, sem relegar o turismo sustentável. Nesse sentido, uma das iniciativas de destaque da Aguaviva é o projeto da APA Cabeça do Dragão, detalhado no próximo capítulo.

Além disso, em um curto período de existência, a Aguaviva demonstrou estar atenta a outras questões de grande importância para a região, tendo sugerido ações, programas e projetos ao Poder Executivo Municipal e ao Legislativo para uma revitalização urbanística de qualidade. Com a ajuda de especialistas voluntários, a associação examina a legislação e propõe medidas coerentes com a preservação ambiental e com a melhoria da qualidade de vida da população.

Um exemplo de ação aconteceu em fevereiro deste ano, quando a Aguaviva protocolou junto ao Ministério Público requerimento para abertura de inquérito para investigar suposta prevaricação da prefeitura e da concessionária de saneamento na balneabilidade das praias do Guarujá. O documento foi fartamente ilustrado com imagens de vazamentos de esgoto em plena areia e vias próximas às praias (praticamente todas apresentavam problemas). A iniciativa corroborou solicitações anteriores de várias associações dos respectivos bairros afetados pelo descarte irregular de esgoto nas galerias pluviais.

No Jardim Guaiúba, formado por casas e sobrados, a luta da Aguaviva é contra a ganância imobiliária. O acelerado processo de verticalização que assola todo o litoral paulista ameaça desfigurar o local com empreendimentos que já estão causando danos às casas vizinhas e afetando a vida de moradores e frequentadores.

Outro empreendimento habitacional, na região de Santa Cruz dos Navegantes, chamou a atenção da ONG, uma vez que representa um possível novo foco de caos urbano na cidade do Guarujá. O loteamento, de responsabilidade da empresa AK20 Empreendimentos e Participações, está aguardando a licença ambiental da Cetesb para prosseguir suas obras. Se aprovado, o projeto ocupará uma área cujo acesso se dará pela já congestionada avenida dos Caiçaras.

Tivemos a oportunidade de consultar o Relatório de Impacto de Tráfego (RIT) do loteamento e, para a nossa surpresa, as fotos apresentadas ali estão longe de retratar a realidade local. Com imagens escolhidas a dedo, vimos no documento encaminhado à Cetesb uma via de duas faixas totalmente desimpedida, numa ilusória demonstração de que ela conseguirá suportar e absorver o fluxo de veículos que se instalará após a conclusão do condomínio.

Depois de uma análise criteriosa de seu Conselho Tecnológico, a Aguaviva encaminhou ofício ao Ministério Público contestando o relatório que reivindica a aprovação da licença para o empreendimento. A associação solicita a imediata suspensão do processo, até que um estudo de mobilidade imparcial seja feito, e a população possa discutir os impactos da construção do loteamento.

O Guarujá e toda a Baixada Santista concentram paisagens belíssimas, que merecem ser desfrutadas por todos. São áreas sensíveis à intervenção humana. Não podemos deixar que a exploração habitacional desenfreada prevaleça, em detrimento do bem-estar e da segurança da população.

A geração de renda e emprego é também preocupação da Aguaviva. Por isso, ela se envolve em questões emblemáticas para o Guarujá e região, a exemplo da temerária privatização do porto de Santos.

Ainda tendo como ponto de partida essa importante instalação portuária incrustada em nossa região, a Aguaviva propõe uma ação coletiva que una personalidades, estudiosos, instituições e entidades para levar à população mais conhecimento sobre infraestrutura, logística e sustentabilidade, conectando os resultados das respectivas gestões setoriais ao custo de vida do cidadão e à manutenção de pequenas e médias empresas no Brasil. A ideia é ter o porto de Santos no centro de uma visão sistêmica, que busque o alinhamento de ideias e soluções, estruturadas e fundamentadas por especialistas, com o objetivo de recuperar a plena capacidade do cais santista, evitar os riscos iminentes, em relação às perdas socioeconômicas – com a diminuição da geração de emprego e renda – e as ameaças ao bem-estar, à qualidade de vida e ao meio ambiente, previstos no planejamento do governo federal para a região (leia mais sobre as propostas no capítulo sobre logística).

Daí o lema da iniciativa: "Salve, Portos de Santos!

A associação nasceu ainda para incentivar a efetividade da fiscalização de obras, de serviços públicos e de atividades econômicas (empresas, trabalhadores autônomos e trabalhadores informais).

Por fim, a defesa da ética da gestão pública está entre os focos da ONG, que se mobilizou junto com outros representantes da sociedade a favor do *impeachment* do prefeito Válter Suman.

A APA Cabeça do Dragão

Segundo o Painel Brasileiro de Mudanças Climáticas, grupo de pesquisa ligado à UFRJ (Universidade Federal do Rio de Janeiro), além de concentrarem a maior parte da população, as cidades médias e grandes são vulneráveis à mudança do clima por causa de seu processo de urbanização. O Guarujá, com sua diversidade ambiental, se insere nesse contexto.

O estudo indica também que as cidades brasileiras cresceram de forma acelerada e desordenada, com ocupações de áreas de risco, avanço sobre fundos de vales e rios e uma série de modificações no ambiente natural. A expansão urbana produziu bairros com alta densidade e poucas áreas verdes.

Além disso, as edificações não obedecem a critérios técnicos e muitas vezes podem correr perigo. Somadas, essas características favorecem problemas como enchentes, deslizamentos e erosão. No caso das cidades costeiras, têm se atentado mais para o tema por enfrentar adversidades como o aumento do nível do mar.

Há bons exemplos a serem observados. Considerada uma das cidades mais ameaçadas do mundo pela mudança climática segundo a ONU, Recife começou em 2021 a criar seu plano de adaptação. Niterói reconheceu em 2021 o estado de emergência climática e criou uma secretaria voltada para o tema. A Câmara de Vereadores da cidade também instituiu uma Frente Parlamentar do Clima que tem buscado criar novas políticas.

E no Guarujá, o que estamos fazendo?

Enquanto não se estabelecem políticas de preservação e planejamento urbano mais abrangentes, precisamos garantir que o patrimônio natural da cidade não seja dilapidado. Nesse sentido, entre as iniciativas de impacto em que a Aguaviva está engajada, merece destaque a criação de uma nova área de proteção ambiental no Guarujá. Ao lado do ISSA (Instituto de Segurança Socioambiental) e da SEMAM (Secretaria Municipal de Meio Ambiente de Guarujá), a ONG avança no sentido de termos a APA da Cabeça do Dragão, que será a terceira do município, representando um grande salto para a preservação ambiental na região, aliada ao desenvolvimento sustentável, com a geração de trabalho e renda, além da realização de atividades científicas e de educação ambiental, e ainda com o estímulo ao ecoturismo e a atividades recreativas.

A criação de uma APA precisa ser aprovada por Lei (Federal, Estadual ou Municipal), o que significa estar sujeita a intervenções importantes dos respectivos Poderes Legislativos. Em setembro de 2021, o Comdema (Conselho Municipal de Desenvolvimento do Meio Ambiente, vinculado à SEMAM), autorizou a realização dos estudos iniciais para a criação dessa nova APA em Guarujá. As outras APAs, já instaladas, são a da Serra do Guararu, desde 2012, e a da Serra de Santo Amaro, criada em 2021.

A Aguaviva tem se dedicado a ações de conscientização entre a comunidade sobre a importância de termos mais essa APA no Guarujá, para a cidade e região.

Uma APA é uma unidade de conservação reconhecida pelo Ministério do Meio Ambiente. Em geral, são áreas extensas, que podem incluir propriedades privadas, e ter algum grau de ocupação humana. Elas concentram atributos naturais, estéticos ou culturais especialmente importantes para a qualidade de vida e o bem-estar da população. Assim como outras APAs, a Cabeça do Dragão terá como objetivo proteger a diversidade biológica, disciplinar o processo de ocupação e assegurar a sustentabilidade do uso dos recursos naturais. As APAs são importantes tanto do ponto de vista ecológico quanto social, pois mantêm a diversidade e a variação genética de espécies dos ecossistemas e dos processos ecológicos essenciais, garantem a beleza cênica do local e conservam o estoque de material genético e a quantidade de espécies da fauna e da flora, economicamente importantes ao homem, incluindo plantas medicinais e recursos alimentícios.

Uma APA é, ainda, poderosa ferramenta para reforçar a política urbana do município, uma vez que, em compatibilidade com as diretrizes do Estatuto da Cidade (lei 10.257/2001, que regulamenta o capítulo de Políticas Urbanas da Constituição Federal), tem a capacidade de ordenar o desenvolvimento das funções sociais das cidades, dentre elas o direito à terra urbana, à moradia, ao saneamento, à infraestrutura, ao transporte, aos serviços públicos, e outros.

Nas APAs, a participação social é reconhecida e valorizada, uma vez que representantes dos núcleos populacionais, assim como representantes das atividades econômicas nelas instaladas, integram os mecanismos de gestão daquela área territorial.

Proposta inicial dos limites da APA Cabeça do Dragão.

pólen bold 90 gr/m2
tipologia garamond
impresso na primavera de 2022